새의 빙하 흔적

새의 빙하 흔적

명서영 시집

도서출판 코레드

시인의 말

이 세상에 하나밖에 없는, 나만 그리는 창작이란
독특한 매력에 빠져서 달리다 보니
목 디스크로 타이어가 찢어졌다.
이제 쉬엄쉬엄 우회 길이 보이는데도
계속 고속도로를 달리고 있다.

따뜻하고 시원한 인천에 사랑방, 중앙도서관에서~

명서영

차 례

제 1 부

새의 빙하 흔적	14
노랑가오리	16
낟알을 까먹는 새	18
갯벌	20
녹슬지 않는 미학	22
행동의 법칙	24
박달재를 넘으며	26
마시안해변*	28
돌섬*	30
목련 나무 아래에서	31
계곡을 찾아	32
아암도에서*1	34
아암도에서 2	35

제 2 부

곡신불사(谷神不死)*	38
목섬*	40
바다를 부활시킨 고래 1	42
바다를 부활시킨 고래 2	43
갯벌의 속내	44
조립식 대가족	45
솔섬의 셍성과정 1	46
솔섬의 생성과정 2	47
비지랑대	48
본능의 변수	50
하늘을 나는 나무	51
천안 샛골	52
목련 꽃잎 2	53

제 3 부

전자레인지	56
떠오르는 수박	58
빗금의 방식	60
닫힌 입의 합창	61
은밀한 장악	62
빛을 뽑는 애벌레	64
번데기	65
정방폭포(正房瀑布)	66
가을걷이	68
돌 먹는 나무	69
화려한 출근	70
인천대공원에서	71
눈에 대한 고해(告解)	72
사탕의 감정	73

제 4 부

알바트로스 새*   76

지지 과다증   78

소래포구   80

서귀포 이미지   81

섬과 노인   82

가뭄의 뒷모습   83

인천시청역   84

연상계곡에서   85

뒷마당 눈학끌   86

인천 운영동의 아침   87

어떤 연못   88

벚꽃잎   90

아늑한 부평역   91

한반도 지형地形을 지키는 선조   92

새의 빙하 흔적

제 1 부

새의 빙하 흔적

깃털 하나가 빛을 기워내어 윤을 내고 있다
허공을 가르기 위해 발가락을 진화시키고 날아갔을 새

공원이 자꾸만 돌아앉아 숨소리도 새지 않더니
누가 볼세라
등나무가 심하게 굽이치고 잎이 울창해지더니
우듬지가 새의 둥지로 싹 틔웠다

둥지는 경계 없는 새파란 경계, 선 없는 선 넘은 오지

그의 비행은 늘 그늘의 각도였다
빛을 등지거나 밀어내거나
벽을 치받거나 부딪히거나
길은 방향을 잃고 어둠의 모서리로 흘러내렸다

어둠도 어둠을 잊고 싶었을까?
늘 저물어 허기진 둥지는 캄캄하게 숨어들고
새벽부터 밤까지 그의 날갯죽지는 활짝 펴졌지만
벽은 무겁게 계속 올라가고 짓눌리고
잡힐 듯 파닥거리는 하늘은 높아만 갔다

누군가 녹슬지 않은 관심에 털과 곡식을 물고 있는 등나무
등나무 줄기가 된 젖은 텐트 둥지가 쉼 없이 날갯짓한다
다년간 닳아 무뎌졌을 발톱을 세워 다 버리고 날아간 새

길게 뽑힌 깃털,
운동화 끈 하나가 그늘의 기억으로 공원을 말고 있다
하얗게 탈색된 시간의 빙하 흔적이 지워지고 있다

노랑가오리

작약도 허리춤에 걸려있던 바람이 내려앉는다
이때부터 노란 달과 푸른 하늘을 흡수했을 바다
바닥까지 물든 바다가 지느러미를 파닥인다
물든다는 건 바다를 열어 흡수된 보호색
진한 보호색을 찾아 바닥에 가라앉았으나
배를 채우기 위해 수직으로 일어섰을
그리하여 발효된 바다를 수없이 접었을 당신

숨기 바빠서 꼬리 하나 간신히 뽑았고
수없이 도망치다가 길어진 꼬리
뛰어봤자 발바닥만 핥는 배고픈 바닥의 현실에서
상처는 꽃잎으로 부풀어 아가미에서 단내가 난다

흠뻑 젖고 싶은 쫄깃한 날들
바람에 낚여 파닥거리는 숙성된 작약도 나루터
그물에 걸린 당신 꼼짝 않고 주낙 바퀴에 다듬어지고 있다
바다를 쥐고 흔들다가 패잔병처럼 쪼그라든 한 줌의 몸
개펄 속 그물이 전방위로 파닥이는 순간에도
긴 꼬리를 흔들며 다시 솟아오르는 꿈을 꾸었을 당신
바다 밑바닥을 쓸고 접었으나 탈출마저 바닥난 정지된 시간

어디서부터 꼬였을까
삶의 엉킨 낚싯줄은 쉽게 풀리지 않고
나약한 마음을 찌르고 싶은 바늘이 이빨을 드러내어
잡념 같은 잡내를 숙성시킨 상처
발효된 상처가 탱탱한 지느러미를 키운다

벌떡 일어선 날개, 과연 태풍 속을 완주할 수 있을까

낱알을 까먹는 새

머리에 둥지를 틀었어
주운 새의 둥지를 머리에 이고 다니기로 한 거야
알을 낳는 것과 부화를 수시로 봐야 하니까
소화해 낼 것 같아 주워 담은 거지

얼기설기 나뭇가지로 형성된 집의 형태는 살짝 벌어진 입술
소리주머니 모양이었어
내 몸의 털을 뽑아 둥지 가득 깔았어
흘러오는 새떼들, 알이 순식간 부화되는 무서운 말의 번식
벌어진 입의 둥지는 지저귀고, 지저귀는 소리가 열렸어

새가 낱알을 까먹은 빈 껍질 같은 소리*
모이고 보태진 침방울이 날고 날아갔어
즐거운 시간을 쪼아 먹는 세상 귀에 걸린 다양한 메뉴
성근 잎에 눈 다치랴
꽉 차오르는 숨찬 입속

나는 나무였을까 새였을까
다만 산으로 들로 마을로 말을 타고 천리를 달리고 있어,
말, 말
깊은 뿌리에 땅이 갈라지고 편 갈라져 뒤틀리는 바람
세상은 나의 생성으로 출발해

내 입속에 깃든 온갖 벌레들의 울음소리

속수무책 나무 끝의 새 같아**
둥지가 기울어
지구가 한쪽으로만 흔들리는데
지저귀는 화근 대신 노래하기로 했어, 짹, 짹, 짹

* 근거 없는 말을 듣고 퍼뜨린 헛소문을 비유
** 오래 머물러 있지 못할 위태로운 곳에 있음을 비유

갯벌

꽃게가 접힌 바다의 주름 한 겹을 잡아끌고 나와요
주름이 펴지고 있는 갯벌
바다가 주름을 감추고 있었네요
때론 거센 파도에 더 큰 주름이 생긴 갯벌은 당신 같아요

이미 당신은 짜디짠 시간 한 겹을 떠냈고
비릿한 원망까지 두 겹 지웠는데 좌초된 당신
아직도 나는 당신에서 닻을 거두지 못했나 봐요

기운 차린 파도가 하얗게 일어서고
붉은 꿈을 가득 물은 노을이 깊게 밀물지는데
웅크린 채 누워 있는 갯벌, 당신은 언제 일어나죠
돌아보면 출렁출렁 겹겹이 새겨진 추억의 주름들
넓게 깔린 금빛 노래가 더 뜨거워져요

당신 홀로 소용돌이치고 수심(水深)이 깊어졌을 때
나 수심(愁心)에 찬 파장으로 바다 가득 채운 주름들
당신 한 겹의 주름진 바다를 들고 내 앞에 서 있어요

뽀글뽀글 솟았던 당신의 목소리를 줍고 푸른 바다도 캐고
썰물 진 갯벌을 헤매다 보면 거품처럼 하얗게 가벼워지죠

꽃게 발가락이 주름을 놓는 딱딱한 순간
한 겹의 주름살이 펴질 듯 뜬구름이 일렁이네요

녹슬지 않는 미학

참새들이 떼를 지어 날아가는 방향으로
바람도 함께 날아가다가 서둘러 머무는 곳

공원 담장으로 둘러싼 깡마른 쥐똥나무들
사방 각이 진 절망으로 가지런히 다듬어져 있다

누군가의 입맛에 맞게 살찔 수는 없는 나무들
아픈 표정을 삼키다가 표현을 잃은 침묵
바쁜 바람은 수시로 공원을 넘나들며 가지의 상처 위에 꿈을 덧바른다

아무리 소리쳐도 아픈 자극도 주장도 표정 없이 감각을 잃은 나무들
잃은 머리와 손발이 못 견디게 가려워 긁고 싶은 가지의 미세한 흔들림
어둠도 밝음도 뒤통수는 종일 깨어있다

나뭇가지는 커서 하늘에 닿을 수 있었고 구름도 별도 딸 수 있었다
이파리는 서로 엇박자로 피워 촘촘한 공간을 함께 살고
바람이 불면 상처가 서로 닿지 않도록 한꺼번에 흔들린다

무자비한 전정가위의 가해는 번번이 소망의 새순을 날리지만 사지가 잘려도 끝까지 줄기를 고집으로 뻗어 꿈을 싹 틔우는 나무들
 늘 절망 끝에서 새순은 자라나고, 성정이 확실하여 평생 녹슬지 않는다

 잘려나간 나뭇가지에는 고요히 참새 둥지를 돋아내고
 아픔 한쪽을 밀어낸 열매들도 나란히 맺혀 있다

행동의 법칙

 한쪽부터 말려들어 좁아진 길, 모가지를 길게 빼고 있다

 그녀가 나를 미행한다, 미행당하는 날개
 잡아당기면 뽑힐 것 같은 날갯죽지가 처진다
 배고픈 길이 길을 잃었다, 익숙한 그녀가 길을 찾아 서 있다
 나를 경계하며 따라오는 빛
 그녀의 눈동자 속에 빛이 숨어 있다
 무슨 꿈을 건네는 걸까

 사선의 길이 당겨지고 있다
 길을 잡아끌고 있는 그녀를 닮은 아기
 내가 미끄러져 간다
 눈이 감긴 핏덩이 위로 개미 떼가 거품을 까맣게 물고 있다

 아들이 치킨을 그녀에게 나눠주면 둘이 한통속이 되는 그림
 그림자까지 내게 날아온다, 뻔뻔하게 내게 가라앉는다
 멀리서 그녀가 길을 접다가 나뒹굴다가 으르렁대다가 멈칫

아들이 뛰어들어 개미 떼를 쥐었으나 전투는 물리고 밀린다
 마침내 핏덩이가 칼을 물었나 보다
 가려운 길을 데굴데굴 굴리더니 지구 열 바퀴를 돌아 탈출한다
 돋아난 날갯죽지에 아기를 안고 젖을 물린다
 따라오다가 되돌아가다 엉거주춤 쳐다보고 있는 길
 날개를 펼친 그녀가 야옹, 빛으로 사라진다

박달재를 넘으며

당신의 발자국이 하얗게 새겨진 박달재
한 묶음 들꽃과 언덕을 내밀던 손안에서
고개를 넘어가던 팽팽한 해는 짧았지요
큰 키 푸르게 여운처럼 벙글어지던 당신

바깥은 선명한 잎을 틔워 풍경을 매달았지만
생의 안쪽은 두꺼운 껍질과 휘어진 가지로
언덕에 받친 불안한 자세

세상의 언덕은 높고 기울어져 밀어내야 했고
평생 그 무게에 눌리다가 기울어간 당신
천둥산*에 천둥 칠 것만 같은 세상의 언덕
언덕에 기댄 척 홀로 얼마나 많이 미끄러지고 일어섰나요

말랑한 타협 대신 올곧은 딱딱한 고집으로
당신의 줄기는 늘 위험한 각도였어요
잎의 가장자리 날카로운 톱니처럼 목소리만 클 뿐
돌아서서 흐르는 한 겹의 여린 눈물
찬바람과 빗물을 홀로 막아내다 빚어진 울음소리

바람과 먼지, 비와 햇살이 불협화음이듯
어긋나게 잎을 키워 기울기를 버티었을 당신
나뭇가지는 눈보라에 맞서지도 못했고
구멍 뚫린 잎은 햇볕과 그늘에는 역부족이었지만
그 자리가 우리에겐 희망의 불씨, 불쏘시개였어요

당신의 등뼈 같은 언덕에 온통 떠 있는 당신
구름을 밀어낸 빗방울도 잠깐 멈춰 있네요

* 천둥산 : 충북 박달재가 있는 천둥산

마시안해변*

하늘은 바다의 거울이다
하얀 거품이 튀어 오르는 바다
고개를 내밀어 본 물고기들은
그때부터 하늘에서 헤엄치는 꿈을 꾸었겠다

어린 물고기 눈 안에 일렁이는 바다
동그랗게 말린 커다란 바위가
어린 박대 한 마리를 안고 발버둥 치고 있다
꼬리를 치던 갯벌이 자신을 뒤집어 물거품을 만들고
저만큼 부글부글 끓는다

어주구리(魚走九里)**
9리를 한걸음 지느러미로 뛰어
떠나가는 썰물 꼬리를 물어버린 물고기
바다는 바닷물에 낚여 바다가 된다

뱃속부터 튀어 올랐을 물고기
높은 바위벽에 부딪혔으나 벽을 뛰어넘는다

짜디짜게 숨 쉬는 유선형의 하늘
둥근 혓바닥이 붉은 목섬에 매달려 흔들리는 저녁
흰 구름 떼가 응원하듯 꼬리를 치며 내려온다

미끌미끌한 배고픈 지느러미가 떠오르는 소소한 걸음
바다가 살아난 듯 고개를 쳐들고 하얀 포말을 일으킨다

* 미시안해변 : 인천 중구 영종도에 있는 해변.
** 어주구리(魚走九里) : 메기를 피해 구리까지나 도망친 잉어.

돌섬*

너 떠난 자리에 주저앉아,
홀로 고양이처럼 웅크린 바위섬
서녘 하늘도 돌부처가 되어 있다
너와 함께했던 단단한 일상
나날이 여물어 간 시간은 껍데기가 아닌 알맹이였을까

회한의 잔물결과 미납된 연민들이
늘 파도가 되어 소용돌이친다
급선회하는 포말 속에 퍼지는 물고기 비늘의 신호
먼바다의 주름을 딛고 달려온 넘실거리는 밀물

폭풍이 밀려올수록 가슴은 단단해지는 법
햇살이 감싸 쥐며 꽃과 열매를 키우듯
바람에 떠밀려 귀퉁이에 모래성이 쌓이듯
네가 돌아와 둥지를 틀어야 하리

사랑의 깃털을 달고 우리 하늘을 달릴 때까지
울창한 광합성의 숲에서 잔치를 베풀어야 하리

---

* 돌섬 : 강화군 삼산면 석모대교 근처에 있는 돌로 이루어진 작은 섬.
  고양이섬이라고도 한다.

목련 나무 아래에서

햇살 한줄기 눈발 한 삽 깔고 꽃망울을 밀어 올린다

창백하고 하얀 자기주장들이 뾰족하게 솟아나더니
눈송이인지 목련꽃인지
낙화암에서 떨어진 궁녀들의 피인지
찢린 하늘에서 인해전술처럼 떨어져 흥건히 젖는다

굳은 표정의 흙바닥
하얀 향기가 발버둥을 치고 있다
땅속에서 입을 벌린 흙향기도 둥글게 올라온다
꽃잎은 겨우내 깊은 언 땅을 녹여낼 것이다

날씨도 인심마저도 어긋난 톱니바퀴로 갈팡질팡
땅과 하늘은 서로 금방 읽지 못해 삐걱거린다

핏줄처럼 일어선 봄바람을 감싸나
봄바람이 움트면 붉고 하얀 꿈이 속세를 장악할 것이다

지평선 어디에 하늘과 땅이 맛있게 맞물려 있을 터

계곡을 찾아

당신은 어디 있나요?
계곡은 등고선을 감추고 있네요

구름을 탄 꽃잎 하나 물 위로 미끄러지면
금세 피어나는 보랏빛 물결 모양
바람 한 점 살짝 앉았다 일어나도
겹겹이 번져가는 은빛깔의 파장
물속에 새겨진 당신의 등고선이 헤엄을 쳐요

삶과 추억의 빛깔이 소용돌이로 깊어진 등고선
아픔과 아픔이 행복과 기쁨이 높낮이로 이어진 간격
홀로 숨은 작은 폭포
먹구름이 끼면 당신의 물소리가 불어났지요

가랑비에 젖고 보상받듯 소낙비를 맞던 당신
엎친 데 덮쳐도 도랑치고 가재 잡아도
넘어지고 부서져도 울음은 홀로 떠내려 보내고
언제나 푸른 웃음으로 다시 일어서던 물거품
둥글둥글 말랑말랑 넉넉했던 당신
험악한 바윗덩어리 앞에서 균형과 보폭을 맞춘 건가요

낙하가 길어도 수심이 깊어도
가슴에 응어리를 품고도 바닥까지 투명한
한결같이 푸르게 속살거리는 물결
맑은 당신의 등고선은 오늘도 한 뼘씩 자라나는데

아암도에서*1

갯벌에 끌려 나온 나는 고래야
철창에 갇혀 소망과 단절된
해안 도로 가에 방치된 박제된 물고기야

아무도 배후를 캐지 않아
밀물이 사라진 자리
젖고 싶은 솔잎만 붉게 일어섰을 뿐
헐떡이는 등에서는 울음소리만 들려

그래도 숨은 쉬고 있지
새소리, 애벌레의 울음소리
한동안 분산되어 커지다가 작아지다가
이젠 그 소리마저 사라지고 없어

 나 따스한 햇살과 바람과 비벼진
 흙냄새 풀냄새 향기는 가득 머금고 있지
 퇴화가 된 몸이라지만 지느러미가 돋아날 수 있을 거야

---

* 아암도 : 인천 송도국제도시 해안 도로 옆에 있는 조그마한 돌섬. 예전에는 송도유원지 앞 갯벌 한복판에 위치했다.

아암도에서 2

언감생심 배를 불리려는 채움과 비움 사이에서
그저 날갯짓으로 헛손질만 하고 있는데
과연 크게 날 수 있을까?
밤마다 날개를 돋우고 둥지를 틀고 있나 봐
비록 다이달로스*와 같은 밀랍의 날개지만
퍼덕이다가 보면 충분히 날 수는 있을 거야

나는 날개가 돋울 때까지, 안개 같은 비늘이 걷힐 때까지
기다렸어
바위가 되어 무너지지 않는 딱딱한 고집으로 있었거든.
길을 트는 바닷물은 끊임없이 출렁이니까
아마도 모세의 기적이 일어나길 학수고대했지

그물에 잡혔어도 등에 작살이 꽂혔어도 헤엄치고 있으니까
다시 너를 만질 수 있는 꿈
그대가 내 등을 어루만지니 날개가 돋을 것만 같아
활짝 날아오르는
나 아직 숨을 쉬고 있어

---

* 다이달로스(Daedalus) : 그리스 신화 속에 유난히 머리가 좋고 손재주가 뛰어났던 장인. 밀랍으로 만든 날개를 타고 아들 이카로스와 함께 크노소스 미궁을 탈출한다.

새의 빙하 흔적

제 2 부

곡신불사(谷神不死)*

한발씩 젖다 보면 높은 곳으로 올라가는 물
굽이굽이 산을 아우르며 감싸 안은 계곡
계곡물은 배고픈 돌과 나무를 잠재우다가도
끊임없이 흔들어 걷게 하는 그대의 맑은 눈동자죠
조용한 그대, 소리가 없다 하지만
크게 소리 질러 눈비로 내려오고 계곡을 살찌우죠

그대는 아래로만 걷는다 하지만
먼저 마른 땅 위에서 걷고
산등성이로 오르고 올라타
절벽을 목축이고 구름을 적시었죠

낙하가 길어도 수심이 낮아도 가슴에 바위를 두고
홀로 잠을 자지 않고 바닥까지 투명했던
한결같이 푸르게 속살거리던 그대의 물결
한 뼘씩 활짝 자라 오를 것만 같은데
엉킨 실타래처럼 홀로 우거질 대로 우거졌던
길도 길을 찾아 초록이 사라진 뻥 뚫린 산

어쩌다가 바닥까지 보이는 목마른 계곡
숨이 막혀오는 더위, 그대는 어디 있나요
맑은 그대를 찾아 나서는 길

---

* 곡신불사(谷神不死) : 노자의 〈도덕경〉 6장에 나오는 구절로, '계곡의 신은 죽지 않는다'라는 뜻. 곡신은 모든 만물을 낳는 주체이자 문이다.

목섬*

수십 번 수백 번 소년이 멀리멀리 날리던
언제든 날 수 있는 종이비행기
젖으면 가라앉고 반쯤 마르면 다시 헤엄치다가
작동이 잠시 멈춘 바람 한 점

젖고 젖어 바람이 바램으로 뿌리내린 그 어디
나무의 나무이니까
더 크게 소용돌이쳐 잎을 틔울 거니까
어부가 올 때까지 이쪽저쪽 계속 비행할 거니까

침묵의 바다가 범람하자
출렁이던 표정이 수면 아래로 가라앉고
혹시를 건너 간절히를 넘어 질퍽하게
갈팡질팡 끊임없이 파도가 비행하는 그곳

홀로 날다가 가물가물 떨어진 소년의 물렁한 꿈
그 날개가 꺾였어도 날개를 펼치는
향을 잃었어도 돋아내는 파란 꿈
바싹 젖어 흠뻑 말라가는 형상이다

가득 찬 먹구름에도 앞이 훤히 보이던
귀가 있어도 들리지 않던
그렇지만 모세의 기적을 꿈꾸는 섬

바다가 된 아빠가 파도쳤을 그 지점, 거기
어린 바람이 심어놓은 눈물 한 방울이다

* 목섬 : 인천시 영흥면 선재도에 있는 작은 부속 섬.

바다를 부활시킨 고래 1

바다 너머로 가 있는 당신
두 눈에서 파도가 일렁거려요
솔밭에서 고기를 낚지 않을 거야
바다를 메워도 마음은 바람 소리가 나니까
바람이 멀리부터 날아와 안부를 물을 것 같은 날
아이들 웃음소리가 바닷가에 물결친다
바다 너머로 가 있는 당신의 두 눈에서 파도가 일렁여요

멸치 배가 만선이면 콧노래를 부르던 당신
지느러미 같은 손바닥은 늘 피투성이로
아가미에 밧줄을 건 물고기였지요
푹 패인 까만 이마는 물줄기를 견딘 바다였죠
돌아서서 홀로 등이 흠뻑 젖던 든든한 당신은
고집 센 바다를 까맣게 지키는 고래 같았어요

바다를 부활시킨 고래 2

단단했던 청춘이 닳고 닳아 부서지듯
파랑을 막던 방파제는 마음이 허물어 갔나요
거품처럼 들뜬 날 멸치를 한 겹 접고 바다를 두 겹 접어
헛간에 꼭꼭 쌓아놓고 당신 회오리바람 되어 날아갔죠

가슴을 장악한 사악한 파도 소리
그 악기 장단에 휘감겨 가슴이 뒤틀렸을 미끈미끈한
당신 우리 형제들을 불렀을
도시를 탈출해 바다를 다시 펼쳤네요
산을 허물고 바다를 메꿀 기세였나요?

바다 한가운데 정박한 당신
가끔 등에는 모래가 쌓이고
바람 타고 멀리 날아온 소나무와 꽃들이 자라겠죠
파도에 휩쓸리면 똑딱선처럼 흔들려 노랫소리가 들리겠고
그럼 구름이 내려앉아 양탄자를 깔아놓겠죠

갯벌의 속내

무작정 바닷물이 갯벌 위를 점령할 때
가슴을 활짝 열어 바다를 흡수한 갯벌의 속내는 질척하다

물이 담아 온 물고기들의 형상과 지느러미의 웃음까지
빠짐없이 베낀 갯벌은 크게 한낮이 땀으로 출렁인다

꽃게 한 마리가 바닷물 한 올을 꽉 잡았다가 놓칠 때
물고기가 물 한 모금 흐 하고 뱉어낼 때
바다는 뒤도 안 보고 봇물처럼 떠나간다
수면 아래로 활짝 핀 갯벌은
나뭇가지와 잎새들의 형체를 바닥나도록 복사하다가 숨이 찬다

서둘러 바람도 내밀한 잔물결을 복사할 때마다
팽팽하게 잡아당겨지는 뻘밭, 숨소리는 가파른 노을이다

수많은 군상들의 흔적만 난무하게 새겨져 있고
실체는 사라진 갯벌
다만 비릿한 냄새가 요동치는 바닷가는 몸부림으로 뜨겁다

새들과 물고기들의 발자국까지 찍는 갯벌은 소란스럽다
바다는 비릿한 물의 냄새를 기억해 한 겹 맑은 비늘을 덮는다

조립식 대가족

시작을 알리는 밝은 종소리처럼
방마다 뽀얗게 일어서는 목소리들
찬바람도 삼키는 삼월의 잔디들
날개를 활짝 퍼덕이는 소리들이 열리지
이른 봄 참새들도 덜 여문 빛을 물고 재,재재
건물에서 옆 건물로 큰 책을 가꾸는 새 학기의 꽃들

핏줄이 파랗게 움 돋아 일어서는 나무들
바람도 잎을 돋아 집들을 흔들지

쪼르륵 향기가 하얗게 번져가는 꽃밭
전국에서 모여든 초록의 어깨들
성인 냄새를 흔들고 간신히 뛰는 꽃송이들

그렇게 무섭게 시간이 슬쩍 벌어지다가
더위가 주머니에 여름을 넣고 시들면
방마다 살금살금 대답이 없는 공기들
절간처럼 조용해진 집에는 가끔 바람만 선회하지

솔섬의 생성과정 1

솔방울의 표정은 인형이 아니었어
달라붙고 구르고 오뚝 앉아 쳐다보고
손을 내밀기도 했으니까
바람이 공 같은 솔방울을 내게 집어던지면
내 심장에 솔방울이 박혔어
심장은 감각을 잃고 밖으로 나온 것 같아
메마른 모래섬은 갈라지고 흔들렸어

나는 홀로 구르고 굴러 모래섬에 앉았지
부지런한 바람이 모래섬에 흙을 뿌렸나 봐
솔방울의 생명적 진화,
급기야 한 그루 소나무가 되었지
내가 나를 찌르며 무럭무럭 자랐어
짜고 끈끈한 감성으로 사리(舍利)도 품었거든
새거나 흐르거나
햇살을 기다리고 참으면
유리 보석이나 옥구슬도 된다는데

솔섬의 생성과정 2

가는잎송진내** 해조가 헤엄치는 바닷가
소나무들이 서둘러 향내를 가득 지피면
나른했던 내가 벌떡 일어서 해일을 꿈꾸고 파도를 당기지

송진 덩이가 불이 붙듯 했어
새벽이 꿈을 불러모아 서둘러 불을 켜려 하나 봐
바다를 보면 물만 보이는 것처럼
바다는 없고 갈매기만 그리기도 했지만

머리 위로 흙을 업고 날아가는 바람
바람을 붙잡아 모래 위에 흙을 얹는 날들
바람보다 빨리 흙을 낚아채는 방식
어린 발부리가 뻗어 흙을 건지고 줍고 쓰러지는 것
침착하게 침잠해야 했나 봐

금세 내 앞에 빼곡히 선 소나무들
다양한 친구들이 모여 모래섬을 꽉 채워질 때까지
홀로 걸어 솔밭이 되었다가 풍선처럼 커진 산이 되었다가
구름이 되었다가

* 가는잎송진내 : 잎송진냇과의 해조(海藻). 높이는 12cm 정도이며, 송진과 같은 냄새가 난다.

바지랑대

닳고 까맣게 썩은 구부정한 나무
언제나 그 자리에서 빨래들을 기다리는
이 집의 기둥, 중심축이다

세상에서 차이고 치고
흙투성이로 거지꼴로 싸우다가 돌아온 빨래들
온전히 씻기고 일어나기를 기다린다

빨래들이 새로 태어나는 수고는 쉽지 않다
과거를 흔들어 깨끗이 씻겨내고
미련과 원망이 하나도 남지 않도록 스스로
헹구고 또 헹궈져야 내일이 준비된다

혼비백산하고 쓰러진 옷가지들
어제를 훌훌 털고
정신 바싹 마르도록
잡념까지 하얗게 날리도록
나무 종일 시간을 들고 있다

행여 해이해진 빨래들이 한순간 미끄러질세라 바람 불라
어미 닭이 쉬지 않고 모이를 쪼아 병아리에게 주듯
진자리 마른자리 가리지 않고
이쪽저쪽 옮겨 다니며 쉬지 않고 마음을 다잡아 주는 장대

하나의 마음처럼 하나의 발로
짓이겨져 뭉툭하도록
빨래들의 정신을 꽉 잡고 있다
오늘을 버티던 시간이 늙어가고 있다

본능의 변수

등산길에 폐타이어가 있다
지구를 한 바퀴 돌다가 이 산에 정착되었을
바퀴 한쪽이 찢어지도록
무거운 세상을 건너왔을 타이어
버거웠던 짐은 모두 떼어 내버리고
가볍게 날아왔으나
질주의 본능으로 다시 서 있다
일이 있는 한, 숨을 쉬는 동안 폐타이어가 아니다
오랫동안 길들여진 대로
등에 눕는 등산객들을 거부하지 않는다
소리 없는 의무는 외장일 뿐
주인을 찾고 있다, 휘어졌던 바퀴가 다시 선다
익숙한 목소리를 찾아 시간을 더듬으면
통통 튀는 추억 싱싱한 바퀴로 되살아난다
이별을 인정 못 하고 벌떡 일어선 애마
오늘도 여러 손님을 태우고
나뭇잎 사이를 헤치며 능선을 넘는다
하늘이 엄청난 속도로 달려 날아가고 있다

하늘을 나는 나무

마당 한쪽에서 늘 하늘만 보고 서 있는
새순을 틔우고 싶은 고목
줄기를 양쪽으로 쫙 지구 끝까지 펼쳤다
먹구름 속에서 해를 건져 가슴 가득 품었다
흠뻑 젖은 싱싱한 이파리들
줄기마다 가지마다 하나 둘 돋는다
새로 태어나자 단단히 익자 하늘 높이 날자
수시로 기도하는 수도승처럼 주문을 외우는 나무
행여 잎새들이 한순간 미끄러질세라
진자리 마른자리 가리지 않고
이쪽저쪽 옮겨 다니며 한꺼번에 들고 중심을 잡고 있다
종일 팽팽했던 하늘이 구름 한 장 말아 해를 튕긴다
마당 위로 하늘이 열리고
줄기 가득 축 늘어졌던 꿈들이 꿈틀꿈틀 익을 때
형형색색 꿈을 가득 물은 활짝 핀 이파리들
장대에 짝 잡혀 있던 햇살이 휘어진다
뽀송뽀송 원기를 회복한 하루가 훨훨 난다
알에서 깨어난 새가 날갯짓한다

천안 샛골

희망의 새가 날아든다는 천안 샛골
마음의 날개를 펴지 못하여 한걸음에 올 수 없었던
무거운 소의 발이었다

눈에 밟히는 하늘에 가득 떠 있는 별들
날아가 버린 내 꿈, 새의 눈이다
장날 내 등록금을 벌러 간 송아지의 눈망울이다
밤새 울던 어미 소를 야단치시다가 돌아선
아버지 눈물도 떠 있다

흔적조차 없이 사라진 고향 집, 황량한 집터
아버지는 일찍 내 작은 코에 성공의 코뚜레를 뚫어 주셨으나
바람을 탄 빨간딱지는 회오리로 족쇄가 되어 흔들었다
고삐가 풀어져 사방 들판으로 날아가 버린 꿈
날개가 부러져 꿈속으로 갇힌 새의 꿈이 다가온다

두 갈래 세 갈래 마음을 실었던 삼거리공원
긴 꼬리를 흔들며 달려오는 능수버들, 가지마다 새순을 틔운다
바람 타고 눈을 뜬 송아지 울음소리가 돋아나고 있다

산과 계곡이 병풍으로 둘러 있는 샛골
산기슭을 휘감고 도는 새는 나침판이다

목련 꽃잎 2

아슬아슬 나뭇가지에 걸려 있는
도움닫기를 하는 빨래
살바람을 등에 지고 밭일하시던 어머니
너덜너덜 흙 묻은 어머니 해진 버선
꽃바람을 타고 떠내려온
뽀얗고 누런 어머니 냄새
내 앞으로 어머니가 밀친
내가 타고 세상 풍랑을 건널
날개를 활짝 편 돛단배 하나

새의 빙하 흔적
제 3 부

전자레인지

먹다 남은 여러 떡을 전자레인지에 넣고 돌린다
붉고 노란 소리가 소리를 덮는 카바레

인절미 송편 가래떡, 아줌마 아저씨
한데 어우러져 빙빙 춤을 춘다
마음의 무게는 어둠 반 밝음 반

딱딱한 구박만 받고 굴러다녔던 배고픈 시간이 녹는다
이성과 감정이 손끝에서 협상하는 동안
쑥 들어오는 다급해진 본능 엉겨 붙는다

말랑말랑한 순간은 순식간에 간극이 허물어지고
형체도 이름도 허물어진 간격이 뭉개진 한 덩이
세상이 떡 되었다

위험이 위험에서 멀어진 땅굴 안
한방에 빵 폭발되고 싶은 불꽃이 춤을 춘다

상처가 혓바늘 돋듯 알게 모르게 파였다
숨소리가 누설된다 엉킨 이빨들이 서로 들이받을 때

미사일이 날아오른다
무너져서 쫄깃한 불꽃이 거침없이 흘러내린다

천체에 시작된 반란, 하늘 한쪽이 갈팡질팡 불에 타고 있다
가볍게 부풀어 오른 K 씨의 얼굴이 터지기 직전이다

떠오르는 수박

바다를 건너온 아들이 수박 한 통을 사 왔다
표면에 물결무늬 깊게 새겨진 수박
이쪽저쪽으로 구르고 도망친 모래톱 흔적처럼
한쪽 귀퉁이가 갈색으로 퇴색되어 있다

식탁에 둥실 떠 있는 바다
바다를 열자 커다랗고 빨간 해가 꽉 차 있다
세상 파도에 맞서 까맣게 탄 아들이 싱긋 출렁인다
신이 난 아들 입가에 붉은 미래가 반짝 입질한다

해를 품은 바다가 자생한다

식탁과 바닥 집안을 물바다로 만든 수박
망망대해를 수없이 쓰러뜨리면서
물을, 물렁함을 감추기 위해
두껍고 질겨졌을 껍질이 입술을 깨문다

아들을 물 먹인, 물로 본 학교폭력
깊이를 가늠할 겨를도 없이
밑바닥까지 바다를 가라앉혔던 아들
바다가 되어 해를 품고 있다

짭짤한 물이 되어 대양을 헤엄치는
푸른 아들의 등을 통통 두드린다

빗금의 방식

아슬아슬 텔레비전 화면에 빗금을 맞으며
천 길 낭떠러지로 낙하하는 새끼 흑기러기
헛디딘 발로 착지를 하고 있다

자기 용돈을 벌러 가는 어린 아들을 배웅한 어미 기러기
밤새 네 평 방안 절벽을 오르락내리락한다
냉정한 전화기는 미동도 없고
공처럼 커진 새끼 기러기
눈망울 속으로 쭉 미끄러진다

반쯤 껍질을 벗고 있는 푸른 알
잘생긴 알을 꼭 품는다
품 안이 꽉 찬다, 꿈틀 온몸이 뜨거워진다
눈에 넣어도 안 아픈 새끼
손을 꼭 잡고 어미 기러기 창공을 향해 힘껏 두 팔을 뻗는다
넓은 공중이 붕 떠
촉촉한 구름이 양 날개에 부딪힐 것만 같다

죽을 때까지 새끼에게 제 살점을 내준다는 어미 연어처럼
피가 마르는 계곡
요지부동의 어미 기러기 앞에서 새끼 흑기러기
전화기 소리를 박차고 날아가 버린다

닫힌 입의 합창

마을은 하루아침에 합창*되었다
비 오는 날 낚시질 하나
정수장 수문이 굳게 닫혀 있다
빗길에 부서진 우산처럼 담장에 노파가 쭈그러져 있고
많은 사람들은 물길처럼 모였다가 흩어졌다
평생 혼자 뜨거웠을 뿐
소리 한 번 지르지 못하고 유산되었던 해가
오늘은 그마저 몸져누운 저녁
대체 누가 비에게 날개를 달아주었나
그 흔한 변명조차 숨어버리고
다만 귀신처럼 웅크린 정수장
앞에는 허술한 집들 지하실마다
천장까지 빗물에 목을 조이고도
철문이 휘도록 정신 줄을 꽉 잡고 있다
끝내 노파는 눈을 뜬 채 마지막 순간까지 제보하다가
숨을 거두었다고 했다
몸 달은 서쪽 하늘
잠시 비를 멈추고 식은 혈이 사늘하게 묻어 있다
넋을 잃은 입이 열리지 않는 마을에는
진범도 가범도 나타나지 않고
구질구질한 소문만 흘러넘쳤다

*합창 : 많은 비로 큰 물이 나서 여러 갈래의 강물이 합해져 넘쳐흐른다

은밀한 장악

산 정상 커다란 바위 아래
수십 마리의 뱀들이 들어가고 있다
고개를 들고 쳐다보는 뱀의 눈
눈 마주친 등산객들은 피를 볼까, 손발이 귀찮도록 저리다

아담과 이브와 뱀 사이에서 손발이 잘렸던 뱀
진화된 도둑질은 손 하나 까딱 않고 밝은 눈으로 해결하였다
볕을 모으고 눈비를 등진 남향
산이 통째로 정원인 뱀의 궁전

특별 무상 분양에 세금도 등기도 없는
발소리도 나지 않는 비밀의 집
산꼭대기까지 나무를 날랐던 빵 한 조각과
반쯤 핀 꽃들은 하늘 문 앞에서 날름날름 혀를 찬다

지구를 흔드는 총소리도 나지 않는 곳
진정한 점령은 드러낼 발톱도 발도 없는 거래 없는 거래
쳐다보고 있는 커다란 눈은 보고 싶은 것만 보고
꿈의 하늘과만 소통할 것

최상의 양지를 지향한 소리 없는 음지의 똬리이다
하늘과 맞닿은 궁전에서 뱀들
머리를 풀어 하늘을 소유하는 용꿈을 꾸겠다

빛을 뽑는 애벌레

문을 찾지만 문이 보이자 않는 어둠
문이 없어 세상이 모두 출구일 것만 같은
어둠이 숨을 쉬어요

자리다툼에 길로 떠밀려 뿌리째 구겨져 있는 쥐똥나무
쥐똥만 한 자존심으로 여린 아린芽鱗을 흔들고 있어요
나를 닮은 쥐똥나무

엄마는 학교를 가라 하지만 난 바람처럼 끌려가요
도망칠 수도 없는 선우의 눈과
언제 날아올지 모를 무거운 손
울면 더 죽어 소리도 지를 수 없는 나는 애벌레

"아파" 크게 소리 질러도 우우 벌레 울음소리뿐
목소리가 기어요
기어도 발버둥을 쳐도 제자리만 맴도는 애벌레
날마다 교실은 한쪽으로 찌그러져 상처를 생산하고
어른, 아이 관객들은 상처를 완판 시키죠

나를 감춘 어둠, 어둠에 흡수된 내가 꿈틀거려요
숨지 않아도 당당해지는 밤
허공에 대고 맘껏 소리를 질러봐요

번데기

문이 보여요
한 올 한 올 뽑아낸 아픔들이 어둠을 뚫고 있어요
탈출구를 찾아 용화(蛹化)된 번데기가
우화(羽化)하는 내일은 아주 훨훨 날 거예요

밝음과 어둠이 같은 무게로 매달려 있는 고치 안
근질근질 내 몸에서 이파리가 움트는데
내게도 날개가 돋고 있나요

홀로 밤을 활짝 피운 나는 날마다 꿈을 더블클릭해요
완벽히 날아오르는,

똥구멍까지 뱉어낸 응어리,
새까만 열매를 꼭 달고 있는 쥐똥나무
겨울을 빳빳이 세우고 있잖아요

정방폭포(正房瀑布)

식물은 물줄기를 따라 뿌리내리지 않는다
물이 식물을 찾아가는 것이다
폭포에서 물이 높이 멀리 뛰는 것은
식물들을 향한 물의 몸부림이다
아니, 품고 있었던 물 씨들을 사방으로 분출하기 위해서다
깊은 땅속 하나가 되어 부풀어 오른 물줄기

맛있는 식물을 골고루 먹고 자란 물줄기
평생을 살고 싶어서 몰래 불로초를 키웠다
서불과지*가 퍼뜨린 소문처럼
하얗게 익은 물의 씨앗들이 사방으로 터진다
해바라기의 씨앗처럼 한 번에
민들레 홀씨처럼 한 방에 터지는 물 씨들

멀리 더 멀리 날아가 물의 뿌리를 내리자
나무뿌리를 찾아 정방(正房)으로 스며드는 물
물 씨들이 한꺼번에 태어나고 있다
낮은 곳에서 높은 곳으로
쉬지 않고 흘러 스스로 정화하는 물의 지혜다

스스로 깨끗해져야 다른 것을 지킬 수 있다
젖지 않고는 마를 수가 없는 까닭이다
물을 닮고 싶은 커다란 서불(徐市)의 눈,
천년의 땅에 엎드려 블로초를 얻는다

* 서불과지(徐市過之) : 불로초를 찾던 중국의 서불이 정방폭포를 보고 감탄하여
 '서불과지'라 불렀다고 함.

가을걷이

형형색색 가을 잎새들의 아성(牙城)
앞마당 나무들마다 변신을 꿈꾼다

앞을 다투며 떨어지는 낙엽들
아기의 얼굴 자락에도 떨어진다
까르륵, 하늘 한 점 물고 날아가는
아기의 웃음소리

아장아장 여물어 가는 가을의 들녘도
아이가 내딛는 걸음마처럼 가볍다
어느덧 집안의 우울증이며 불면증까지
말끔히 훑어버린 아가의 웃음소리
내 앞자락에도 웃음꽃 한 잎 떨어진다

마당의 화분들도 가을걷이로 한창이다

돌 먹는 나무

문학산 등산로에 있는 돌과 나무가 방송을 탔단다
누구는 나무가 돌을 먹는다 하고
누구는 돌이 나무를 밀어낸다 하고
마을 사람들마다 공방이 뜨거웠다

동네가 구열(口熱)하면 소를 잡고
집단이 구열하면 닭을 잡는다고 하는데
마음과는 멀리 달아나는 엉킨 소문들

하늘도 보면 푸르기도 하고 하얗기도 한데
반찬거리만 신경 쓰다가 걸인의 밥을 짓듯
상대의 대마만 견제하니 축(軸)을 잃은 싸움이다

바위 뒤에서 눈보라를 등지고 자랐을 나무
바위가 굴러떨어질까 끌어안고 살았겠고

돌과 나무가 뭉치면 담벼락이 되고 집도 되는 법인데
더불어 구름과 해가 함께 있는 하늘 아래
타원형의 돌과 돌을 감싼 밑동이 U자 모양의 나무가
티격태격 서로 끌어안고 시끌시끌 나란히 산다

화려한 출근

햇살 정거장 그림자 한 귀퉁이
나는 바람 한 잎으로 한곳에 떠 있다
거대한 괴물이 눈을 부릅뜬 채
미끄러져 들어온다
달려들었던 불빛이 머리 위에서 부서지고
빛의 소리를 밟고 바람의 잎들이 일렁인다
부산하게 흔들리는 바람의 날개
어쩌면 범람하는 시간을 쪼개며 헤매는 이파리들
괴물의 커다란 입속으로 우르르 뱉어지고 삼켜지고
안으로, 안으로 빨려 들어간다
불빛 번득이는 괴물의 커다란 두 눈
굉음과 함께 광활한 빌딩 속으로 사라진
하늘에는 하얀 구름 떼가 소망처럼 열려 있다
꼬리 흔들며 사라져 가는 범람하는 그림자들
길을 잃은 나는 어디에
삼켜지지도 토해지지도 못하고 제자리
어디론가 급물살에 휩쓸려 흐르고 싶건만
날갯죽지가 퇴화된 이방의 바람 한 잎
시들어버린 가는 숨만 종일 할딱이고 있다
바쁜 날개라도 돋고 싶은 실업의 긴 시간들
사방 흔들릴 뿐 방향 잃은 길이
대 낮 어둠 한 조각을 물고 비상을 꿈꾼다

인천대공원에서

올망졸망한 산들이 울타리처럼
공원의 밤낮을 지키고 있다
크고 작고 다양한 색깔의 꽃들도 저마다
가슴보다 더 큰 이름표를 붙이고
일제히 운동장 같은 공원에 둘러 서 있다
이름대로 산다는데
등산로와 들녘에서 한 번쯤 보았을 얼굴들
헷갈리는 모습, 처음 본 이름도 많다

품새에 따라 간택되어 공원에 들어왔을 나무들
같은 하늘과 땅 비슷한 운명이나
어떤 나무는 잎과 꽃이 활짝 신바람 나 있고
어떤 하나는 시들어 굳어 있다

산꼭대기 구름을 탄 햇살이 내려앉는다
뙤약볕은 교장 선생님처럼 강연이 길다
같은 하늘과 땅 비슷한 운명이나 똑바로 살라하고
부정을 날려 보내고 바르게 살라하고

이름표들이여, 부디 무럭무럭 자라거라

눈에 대한 고해(告解)

심장에 박힌 눈썹 하나 있다네

밤새 전쟁을 치른 빨간 눈
보이는 것이 전부인 두려움과
보이지 않는 것의 막막함에 대하여
밤새 궁리를 한 흔적
의사는 눈물을 흘리지 않고 눈을 비벼서
뽑힌 눈썹이 눈을 찔렀다고 했네

치켜뜬 눈보다 눈물을 내주어야 하는 것을
눈 한번 질금 감아 버리면 평화가 오는 것을
스스로 눈높이를 맞추지 못했네
눈 부릅뜨고 박박 우기면서
눈물까지 말라버린 시선
사사건건 심장에 새긴 탓이네

남의 눈에 티끌은 보면서
정작 내 눈에 대들보는 보지 않는
자기 살을 파먹고도 모르는 일
가장 큰 적이 자신인 현실
그래서 눈은 늘 시뻘겋다네

사탕의 감정

사랑은 시소게임
같은 크기 같은 높이로는 날 수 없는
같은 무게로는 견딜 수 없는 승부다

네가 나를 그리워할 때
나는 달나라에 있었고
너의 존재가 커져갈 때
점점 나는 작아져만 갔다
사라지는 유성처럼 소멸되어 갈 때
너는 점점 커져 행성으로 변해갔지

너의 강렬한 눈빛에
조금씩 다가서다가
이카로스의 날개*처럼 녹아내려
타버리거나 추락해도 좋은
가슴마저 뭉그러진
혓바닥에 놓인 사탕이지

---

* 이카로스(lcaros)의 날개 : 그리스 신화에서 이카로스는 아버지 다이달로스와 함께 날개를 달고 크로노스 미궁에서 탈출한다. 그런데 아버지의 경고를 무시하고 과도한 욕심으로 태양 가까이 날다가 그만 날개가 녹아 추락한다.

새의 빙하 흔적

제 4 부

알바트로스 새*

구월동 지상공원의 정수장 수문이 닫혀 있다
하수구에서 역류한 길을 잃은 빗물
도로로 건물로 지하실로 천장까지 들이쳤다

온몸을 쭉 펴보지만 날개가 부러진 비
새는 일주일 넘게 지하실에 갇혀 있다
계단에서 눈이 뒤집혔을 날갯죽지
철문과 한판 승부를 벌인 흔적

지하실을 지키던 철문이 S자로 뒤틀려 있다
뒤틀린 심사는 마을에 쉽게 가시지 않았다

자기 새끼를 잡아먹는다는 눈먼 가물치처럼 도로
하수구가 혼인날 똥은 쌌어도 토한 적은 없다고
폭풍에 미끄러진 새 탓이라고 게거품을 쏟아 냈다

도로에 흥건했던 물이 순식간 줄어든다, 까만
날개가 활짝 폈다가 접혔다

발병 난 지상공원
지상낙원으로 가는 흰 길
늙은 빗방울이 획획 날갯짓한다

* 알바트로스(Albatross) 새 : 폭풍에서도 비행을 한다는 커다란 새인데 온순하다. 평소에는 잘 날지 않기에 '바보새'라고도 불린다. 머리와 뒷목은 엷은 황색이고 얼굴과 목은 크림 흰색이다.

지지 과다증

우듬지가 잘린 단풍나무 보란 듯
여러 줄기를 한꺼번에 내밀었다

족보에도 없던 손가락이 움 돋았다
늘 손이 부족했다
생활은 머리가 아닌 손끝에서 이루어졌으므로
앞으로도 갈 길이 많아 샛길을 내는 중이다

친정집 물건들이 옮겨진 것은 판단보다 쥐는 손의 본능
그 충실로 과감하게 상대를 손가락질할 수 있었고
말보다 먼저 올라간 손의 당당함으로 오늘을 버텼다
뒷일은 손가락 소관이 아니었으므로

사랑도 손이 해결하였다
그의 손을 살짝 스쳤을 때 전율이 사랑의 발화점
헤어질 때도 가슴과 입술은 욕을 했지만 먼저 나간 손
체온을 잠시 채웠기에 다급히 원수가 되는 것을 막았다

손가락으로는 턱없이 부족해 손봐주고 싶었을 손
너에게도 무수한 싹을 내고 싶다

의사는 손금도 보지 않고 전정剪定을 설명하고 있다

길이 막혀 앞이 안 보이는데
캄캄한 나도 안 보이는데
손가락이 휘도록 마디가 굵어지도록 잡혔을 손길

먹구름을 입에 문 오후는 언제 따뜻한 길을 내밀지
단풍나무 이파리와 가지를 모두 움켜줄 수 있을지

소래포구

비린내를 가득 품은 짭조름한 아침이다

하얀 밀물로 가득 찬 갯고랑의 바닷가
포구 앞 굴비처럼 늘어선 인파 속에서
팔딱팔딱 뛰는 상인들
수북이 쌓인 꼴뚜기가 날개 돋친 듯 헤엄치며
사람들의 시장바구니 속으로 빨려 들어간다

어물전 망신 꼴뚜기래유, 제 맴은 덤이유

꽃게 발가락처럼 크게 벌린 상인의 손
손가락은 꼼짝없이 지폐에 물려 쓰러진다
고민과 근심은 다들 집에 놓고 온 듯
활짝 편 얼굴과 싱싱한 상인의 흥정 소리를
한 아름씩 담아 가는 사람들

지느러미를 포구에 담근 소래산이
구름을 걷어 올리며 아가미를 내밀고 있다

서귀포 이미지

바닷바람과 한라산 바람이 함께 내려와 앉는다
보일 듯 말 듯 멀리서부터 한발 한발
합사(合絲)한 바람의 분홍빛 온도
적당히 꾸몄지만 타고난 미인처럼
건강하게 반죽된 온화한 바람이 되었다

성질 급한 진시황이 호통을 쳐도
통일 중국을 위해서 왕의 신발은 벗을 수밖에 없듯이
바람은 맨발로 불고 싶은 만큼만 불고
신발을 신은 듯 무게만큼
머물고 싶은 곳에 마음대로 머문다

진시황제의 제국처럼 길들여진 서귀포
몸에 감기는 바람으로 달콤한 저녁
여행을 핑계 달고 찾아온 대륙 사람들
서쪽 중국에서 덜덜 떨어 시들다가
동쪽 서귀포에서 활짝 피고 있다

남쪽 바닷바람이 한라산의 솔바람과 손잡고
햇살을 짓이겨 함께 뭉친 땅
간이 딱 맞게 배인 서귀포가 싱싱하다

섬과 노인

태풍이 지나갔을까
뻐꾸기 울음 따라 산비탈을 오르는 노인
잎을 떨구고 등은 굽어 활활 탈 것 같다

구름의 발걸음 따라 나무숲 사이로
가족과 아옹다옹 달빛을 받았을 노인
언제부터였을까
다정한 말씨도 훌쩍 떠나보냈는지
눈인사도 사라지고 우렁찼던 눈은 초점을 잃었다
살결도 소나무처럼 검붉어졌고
시든 목소리는 이름 없는 꽃처럼 작아졌다

빈 자루 같은 낮달이 헛기침 소리를 날리면
부스럭부스럭 그림자들은
나뭇잎들이 날개를 퍼득인다
멀리 육지를 향해 허리를 펴는 노인
떨군 잎들은 태풍 볼라벤을 기억하지 못한다

가뭄의 뒷모습

감정 잃은 이파리를 떨구고 있는 나팔꽃
말라비틀어진 기다림은
견딜 수 없는 담벼락의 무게였다
비 오는 날 먼지 나도록 맞고 싶은
햇살 한 점 잡으려고 뻗었던 줄기

장마와 꽃 사이 이별의 전주곡은
시원한 뜨거움으로 흐른다
가뭄이 끝나면 장마가 오는 것이 아니라
장마와 가뭄은 사랑처럼 함께 온다
가슴팍 갈라진 시멘트 벽 사이로
흥미를 잃은 햇살이 숨는다

비는 맞아도 맞아도 덥기만 하여
길을 잃은 지루한 바람이 아슬아슬
벽에도 나팔꽃에도 지나쳐 붙지 못하고
어설픈 기어으로 사방에 흩이진다

땡볕에 꽃을 피우다가 먼지까지 털려버린 일상
열매는 장마 너머에 있는데
질펀한 사랑이 탈퇴를 시작하고 있다
발아를 멈춘 사랑의 씨앗이 뿌리째 뽑히는 순간이다
싫증 난 햇살이 사라진 서쪽 하늘에
검은 비구름이 뒤를 돌아보고 있다

인천시청역

바늘에 찔린 듯
가파른 시청 역사를 밟으면
소나무 울음소리가 들린다

어린 내 등짝을 밀어 높은 구월산을 넘게 하셨던 어머니
치마엔 솔방울들이 모래내 시장이 활활 타도록
날개를 펼쳤었다
바퀴벌레와 연탄 냄새, 여럿이 오순도순 따뜻했던 집
산이 마당인 집은 맑았다

철로처럼 나란했던 꿈과 현실이 하루아침 이탈한 날
길은 돌아가면 된다고 하시던 어머니의 푸른 말씀
따끔했으나 아프지 않았던 솔잎의 찔림

삶의 시간은 승강장을 지나치는 전철처럼
커다랗던 소나무가 한 뼘씩 굽어 간 것을 몰랐다
저토록 시청역을 환하게 비추고 있는 짙은 향기를
흙투성이 산과 소나무가 사라지고서야 본다

쌓여있는 바싹 마른 솔잎의 말씀들을

연상계곡에서

낮달은 보여도 바람은 볼 수 없듯이
바람은 감싸 안아도 달을 만질 수 없듯
사랑한다고 말해도 바람으로 흐르는 곳
선명하게 물가에 선 나뭇가지만 그대로 있네요

잎새들이 물을 흔들어 출렁이는데
서둘러 복사하고 사진을 찍어 놓았을
당신 홀로 왔다 간 흔적, 출렁이는 계곡
물결이 나무와 구름을 꽉 잡고 있네요

바람은 냇물에 눈물을 보태어 휘젓고
새들은 눈물을 감추려고 물 위를 아슬아슬 나는데
물에 빠졌던 발은 어디 있나요
발가락을 꽉 잡았던 가재,
주먹손에 물린 고등은 무슨 세월로 사라졌나요

계곡 곳곳에 떠 있는 물빛 같은 당신
맑게 바닥까지 보였던 깊은 마음
물처럼 물렁했던 당신 홀로 흘러간 자리
시간이 가면 기억도 그리움도 가뭄처럼 메말라진다는데
왜 이토록 넘쳐 범람하나요

뒷마당 문학골

별과 달의 눈들이 모여 산이 산길이 되고
구름의 길을 따라 봉우리가 솟게 되었을 능선
굴곡도 굽은 기울기도 그대만큼의 크기로
꿈같은 연둣빛 삶과 추억이 되살아나는 곳

숨이 차오르곤 해서 몇 번씩 거부했는데
그런 나를 번쩍 옮기던 언덕이다
어둠이 밀려와도 눈비가 와도 겁나지 않았던
능선 같은 그대의 넓은 등짝

가장이란 무게를 지고 어깨가 닳았을
때론 부서진 꿈이 굽이친 안개로 차올랐던 언덕
어린 나를 업고 활짝 웃었을 길목들

가끔은 휘어진 술맛의 유혹에 늦은 귀갓길
그대가 견뎌내지 못했던 굴곡의 언덕길
쓸쓸한 바람의 노랫가락이 되었을 뒷마당

인천 운영동의 아침

꽃잎 활짝 펼치는 소리
아른아른 문 열리는 소리
돌아서면 또다시 그 자리이지만
한 발짝 한 발짝 흔들리는 당신
누구 어디 살죠?
열, 연락, 연락골
어머니의 무수한 기억의 꽃들은 피고 지고
운연동 연락리 마을만 연락이 닿아 있는

어머니
아픈 아침 꽃 진자리 위에
새잎은 돋았을까요
건강한 하루로 피어 있을까요
탐스러운 수화기 속에 누, 누구세요
꽃망울 터진 당신의 입술
연락골의 봄은 과연 연락이 닿을까요

어떤 연못

하늘을 향해 가지를 뻗던 연못가의 버드나무
발가락이 간지러운 어느 날
연못 안 흐릿한 하늘과 숨 막히는 물을 본다
바로 옆에 이런 세상이 있었다니

물이 들어오는 곳은 열려 있고
나가는 곳은 막혀 있다
연못에 들어간 물은 갇혀 썩을 대로 썩은
몇십 년이 흘러도 그 자리 그대로
밖에서는 들여다볼 수 없는 연못
안에 든 식물들은 자신들이 썩어가는 것도 모르고
흙탕물 바닥 응집된 영양분으로
토실토실한 몸매지만 당뇨병에 걸려있다
행복한 연꽃과 식물들은 활짝 웃는다
어쩌면 어디가 천국일까?

연못 안의 식구들을 가련히 여긴 버드나무
가지를 크게 흔들어 뻗어 본다
하지만 닿지 않는 손
못은 더욱 깊어진 수렁으로 변신한 지 오래다

탁 트인 푸른 들녘만 바라보고 살아가는 버드나무
어떤 예지력도 어떤 기약의 지평도 가늠할 수 없는
애만 타는 가슴으로 헉헉 숨이 막힌다

벚꽃잎

메마른 벚나무 가지에 꽃이 피었다
뽀얀 구름이 걸려있다
구름이 자란다 점점 커지는 뭉게구름

담장도 없는 집 마당에 날마다 앉아 있는
휠체어를 탄 소녀
소녀가 마당을 키운다, 마당도 자란다
나무는 그 자리에 늘 서서 웃는다

뽀얀 향기로 소녀의 노랫소리가 들리면
뭉게구름이 새털구름이 되어 움직인다
머리 위에 피어있는 구름, 떼구름
소녀는 꿈속에서는 넓은 하늘을 뛰어다닐 것이다

마당에 뚝뚝 떨어진 꽃잎 뛰어다니는 꽃잎들,
선명한 소녀의 휠체어 자국
새털구름이 비구름이 되다가 산산 조각난다
반쯤 썩은 벗 나뭇가지에 비가 온다

시들기도 전에 떨어져 내린 꽃잎
부산하게 움직이는 하얀 소리가 낭자하다

아늑한 부평역

집 마당 같은 분홍빛 부평역

서울에서 놀다가 역전에 닿기만 해도
우리 집 마당에 들어선
아늑한 둥지

대합실 너머 칠흑의 밤공기도 따스한 붉은 향기
대문만 열면 한 시간쯤이야 단걸음에
구월동 방까지 닿을 수 있는 곳

무사한 평온의 붉은 향기
엄마가 부르는 소리가 들린다

한반도 지형地形을 지키는 선조

부드럽고 날카로운 푸른 눈빛들이
길목부터 무거운 길을 안내하고 있는
등 굽은 커다란 소나무들
옥천 호수로 가는 길은 선조들의 등 줄이다
어둠에서 뿌리와 흙을 지키기 위하여
푸른 세상을 꿈꾸었을 바람 잘 날 없었을 나무들
비바람을 한 손에 쥔 뿌리들이 튀어나왔다
눈보라에 마른 솔잎 떨어지는 얼어붙은 적막
적막을 지키고자 솔잎은 한데 뭉쳐 피어난다
진하게 우려낸 솔잎의 향기는 저들의 말씀
젖줄까지 뽑아낸 송진의 끈끈한 정신
호수는 잠잠하나 끊임없이 출렁이는 둥근 떨림
미세하게 하늘에 닿아 있다
하늘이 흔들린다 당신들의 가슴으로
토막 나지 않는 공이다
점점 더 꼬이고 불협화음인 이 땅에
서로 입장을 바꿔 보고 있는
동서가 뒤집힌 한반도 지형地形과
느낌표 모양의 땅이 호수를 팽팽히 당기고 있다

압록강에서 제주 앞바다까지 깊이 내린 뿌리
비바람을 움켜잡은 붉은 정신을 심은 영혼들
길 찾아 오락가락 헤매는 후손들에게
코끝 진한 향기로 천년의 앞날을 다짐받고 있다

대구신문 [좋은 시를 찾아서]

명서영의 목련 꽃잎

〈해설〉 한 그루 목련 나무는 꽃을 피우지만, 그 꽃은 빨래가 되고, 어머니 흙 묻은 해진 버선이 되고, 뽀얗고 누런 어머니의 냄새가 된다. 내가 타고 건널 풍랑을 이미 알고 있었던 엄마는 내게 타고 갈 돛단배 하나를 꽃잎으로 밀친다. 험한 세상을 건널 때 활짝 날개를 펼칠 돛단배이니 목련 나무가 매단 것은 희망의 무수한 손짓일 수밖에 없다. 이러한 정황을 상상의 얼레로 천을 짜듯 감동의 실바람을 만들어 내기까지 시인은 목련꽃 그늘 아래를 무수히 서성거렸을 것이고 목련 나무 살결을 애틋하게 만져도 보았을 것이다. 왜 자신에 몸에서 엄마의 냄새가 나는지를 아는 순간에 엄마가 곁을 떠나고 없었다면, 이때 울컥! 억누를 수 없을 만지 슬픔노 치밀어 올랐을 것이다.

박윤배(시인) - 입력 2023.11.09. 21:30
출처 : https://www.idaegu.co.kr/news/articleView.html?idxno=439375
(https://www.idaegu.co.kr)

|해설|

신화적 의미작용이 빚어내는 생기론적 시관

문광영
(문학평론가, 전 경인교육대학교 교수)

 시냇가에서 한 알의 모래를 보고, 담벼락을 연상하는 사람이 있고, 우주를 상상하는 사람이 있다. 시인이자 화가인 블레이크는 "한 알의 모래에서 세상을 보고, 한 송이 들꽃에서 천국을 본다"(시 〈순수의 전조〉)라고 했다. 또 류시화는 시인은 소금은 '바다의 상처'이고, '바다의 아픔'이며, '바다의 눈물'(시 소금)이라고 의미를 부여했다. 롤랑 바르트에 의하면 이러한 '의미 작용들로 엮어진 고리의 체계', 곧 함축적 기의(signifie)의 의미화 과정을 '신화'라고 했다.
 명서영은 이번 시집에서 이와 같은 신화적 의미작용은 매우 활발하다. 그리하여 자아정체성의 회복 의지와 맞물리면서 원융회통의 생기론적 시관을 펼쳐나간다 이는 그녀만의 사물친화직 말직한 상상력이나 래디컬radical한 감수성이 빚어낸 시안의 결과다. 그녀의 시편들은 현실을 반영, 표상하는 차원을 넘어서, 현실을 개조하고 새로운 의미의 세계를 창조해 나간다. 이를테면 불경의 '*波羅蜜多*', 지혜로 '건너가기'라는 것이고, 니체의 정신적 의지의 변화로써 '넘어서기'이며, 질 들뢰즈의 리좀적(rhizomatic) 사유 방식을 통한 생성과 같은 것이다.

그녀의 시편들에 나타나는 소재들은 유정물과 무정물, 보이지 않는 대상까지 그야말로 다채롭게 시화된다. 이를테면 산과 바다, 섬과 갯벌 등 거시적 자연 대상에서부터 새와 꽃잎, 빨래, 둥지, 사탕 등 미시적 사물이 동원되고, 나아가 바람, 파도, 구름, 물, 날개, 꿈 등 역동적 이미지로 형상화한다.
 명서영 시인의 이러한 체험적 대상 인식은 자기 반영적 비전과 어울리면서 다채롭고 생명적 이미지로 가득 차 있다. 이를테면 고향 회상이나 가정사적 정감으로 자아정체성을 표상하거나, 혹은 소통의 갈망이나 생성적 세계인식 등 다양하고 생동감 넘치는 시혼을 드러낸다. 나아가 이를 위한 형상화 장치로서 상징이나 메타포, 혹은 객관적 상관물을 끌어오는 등 역동적 이미지의 시 미학으로 환기력 높고 감칠맛 나는 시의 맛을 볼 수 있다.

1. 신화적 의미 구성이 빚어내는 생명 의식
 명서영의 이번 시집에는 바다와 섬의 소재, 그리고 새와 바람의 이미지가 빈번하게 출현한다. 그리고 이들 시편들은 '바람의 성정'이나 '새의 날개', '물고기의 지느러미' 등 바다가 지닌 생명적 속성을 통해 원융회통(圓融回通)의 역동적 상상력으로 그려지는 것이 많다. 이러한 '바다의 성정'이나 '섬의 이미지', 그리고 '새의 탄생' 등에서 신화적 의미 구성의 상상력이 작동되고 있음을 본다.
 특이한 것은 이들 시편에 초현실적인 오브제(objet) 시어의 이미지가 섞이면서 낯설고 발칙한 시행 전개도 보여준다는 것이다. 그러다 보니, 하늘의 수직 이미지, 바람의 수평 이미지, 바다의 원초적 탄생 이미지가 서로 교감하고 원용하는 확산적 의식은 물론, 심리적 텐션(tension)의 미감이 더해지면서 역동적인 시관을 드러낸다.

    등나무가 심하게 굽이치고 잎이 울창해지더니
    우듬지가 새의 둥지로 싹 틔웠다

    둥지는 경계 없는 새파란 경계, 선 없는 선 넘은 오지
    〈중략〉
    누군가 녹슬지 않은 관심에 털과 곡식을 물고 있는 등나무
    등나무 줄기가 된 젖은 텐트 둥지가 쉼 없이 날갯짓한다
    다년간 닳아 무뎌졌을 발톱을 세워 다 버리고 날아간 새

    길게 뽑힌 깃털, 끈 하나가 그늘의 기억으로 공원을 말고 있다
    하얗게 탈색된 시간의 빙하 흔적이 지워지고 있다
                               – 〈새의 빙하 흔적〉 부분

    마당 위로 하늘이 열리고
    줄기 가득 축 늘어졌던 꿈들이 꿈틀꿈틀 익을 때
    형형색색 꿈을 가득 물은 활짝 핀 이파리들
    장대에 꽉 잡혀 있던 햇살이 휘어진다

뽀송뽀송 원기를 회복한 하루가 훨훨 난다
알에서 깨어난 새가 날갯짓한다
- 〈하늘을 나는 나무〉 부분

시 〈새의 빙하 흔적〉에서 신화적 탄생의 서사를 읽는다. 이 시는 "잎이 울창"한 등나무를 보고 쓴 시인데, 생명 탄생의 신비 세계를 연상적으로 형상화하고 있다. 등나무의 "우듬지가 새의 둥지로 싹"을 틔웠다는 것이고, 윤을 낸 "깃털 하나", 그리고 "허공을 가르기 위해 발가락을 진화시키고 날아갔을 새"가 있다는 것이다. 나무의 우듬지에서 벌어지는 '새'의 탄생과 성장, 그리고 비행에 앞서 난관을 극복하고자 하는 생명 존재의 의지를 엿본다. 화자는 그런 존재 흔적을 "털과 곡식을 물고 있는 등나무"라고 묘파描破한다. 나아가 "다년간 닳아 무뎌졌을 발톱을 세워 다 버리고 날아간 새"를 회상하고, 그 등나무 속에는 "하얗게 탈색된 시간의 빙하 흔적"이 있다고 근원성을 노래한다.

 위 등나무를 통한 시편에서 드러나는 '새', '둥지', '발톱', '날갯죽지' ' 깃털' 등에서 오브제(objet) 이미지를 읽는다. 또한 〈하늘을 나는 나무〉라는 시에서도 '꿈', '구름', '이파리', '장대', '햇살', '알', '새', '날갯짓' 등 우연히 결합된 파편적 이미지와 마주한다. 곧 "줄기 가득 축 늘어졌던 꿈들"이라든가, "꿈을 가득 물은 활짝 핀 이파리들"에서, 그리고 "장대에 꽉 잡혀 있던 햇살", "알에서 깨어난 새의 날갯짓" 등에서 볼 수 있다. 이들 모두 신화적 탄생의 코드로 작용하는 오브제 시어들이다.

초현실주의 그림에서 오브제는 항시 단골로 등장한다. 특히 초현실주의 화가 르네 마그리트는 이러한 오브제를 이면의 비밀과 신비를 제시하는 기법으로 아주 즐겨 써 왔다. 가령, 숲이나 나뭇잎을 크게 그려 놓고, 여기에 비둘기나 새, 혹은 새알이 있는 둥지를 얹혀 놓거나, 나무 한 그루 나무에 초승달을 떡하니 위치시켜 놓기도 하였다. 곧 대상이 감춘 것을 상상하거나 중첩하여 드러내는 화법을 즐겨 활용했던 것이다.

 그러고 보면, 위 명서영의 시는 초현실주의적인 연상 기법의 이미지로 시를 썼다고 해도 무방하다. 여기엔 과거와 미래를 '영원한 현재'로 보여주는 시간의 응축도 녹아있다. 곧 울창한 등나무에 전에 있을 법했던 상상의 새를 탄생시키고, 성장의 모습까지 보여주고 있기에 그렇다. 이렇듯 보이지 않거나 감추고 있는 대상의 비밀을 끄집어내어 이면의 비밀과 신비를 제시하는 그녀의 시적 퍼포먼스에 갈채를 보낸다.

  나는 홀로 구르고 굴러 모래섬에 앉았지
  부지런한 바람이 노래섬에 흙을 뿌렸나 봐
  솔방울의 생명적 진화,
  급기야 한 그루 소나무가 되었지
  내가 나를 찌르며 무럭무럭 자랐어
  숱한 번뇌와 짜디짠 감성으로 끈끈한 사리(舍利)도
  품었거든
  새거나 흐르거나

햇살을 기다리고 참으면
유리 보석이나 옥구슬도 된다는데
– 〈솔섬의 생성과정 1〉 부분

머리 위로 흙을 업고 날아가는 바람
바람을 붙잡아 모래 위에 흙을 얹는 날들
바람보다 빨리 흙을 낚아채는 방식
어린 발부리가 흙을 건지고 줍고 쓰러지는 것
침착하게 침잠해야 했나 봐

금세 내 앞에 빼곡히 선 소나무들
다양한 친구들이 모여 모래섬을 꽉 채워질 때까지
홀로 걸어 솔밭이 되었다가 풍선처럼 커진 산이 되었다가
구름이 되었다가
– 〈솔섬의 생성과정 2〉 부분

위의 〈솔섬의 생성과정〉 두 편의 시는 모두 소나무 섬에 초점을 두고, 원융회통의 상상력으로 자연 생명의 진화성을 노래한다. 앞의 시편이 신화적 탄생에 가깝다면, 뒤의 시편은 생명적 생장에 초점을 두고 전개된다. 무엇보다 이들 시에서 모티브를 작용하는 코드는 '바람의 이미지'로서 생동적이고 역동적 상상의 힘을 보여준다.

앞의 시에서 보여주는 바람의 행보는 "바람이 공 같은 솔방

울을 내게 집어던지면 / 내 심장에 솔방울"이 박히고, "홀로 굴러 굴러 모래섬에" 안착하는, 태초의 신비를 보여준다. 그리하여 "부지런한 바람이 모래섬에 흙을 뿌렸"다는 것이고, "내가 나를 찌르며", "숱한 번뇌와 짜디짠 감성으로 끈끈한 사리(舍利)"의 소나무로 품어냈다는 것이다. 그리고 후자의 시에서는 소나무들의 풍성한 생장을 기원한다. 소나무들이 "서둘러 향내를 가득 지피면 / 나른했던 내가 벌떡 일어서 해일을 꿈꾸고 파도를 당기"기도 한단다. 그리하여 "바람보다 빨리 흙을 낚아채는 방식으로", "모래 위에 흙을 얹고", "다양한 친구들이 모여 모래섬을 꽉 채워질 때까지"라는 열락적 생태 회복의 충만한 솔섬 풍경을 그려낸다. 그러다 보면 나도 모르게 "홀로 솔밭이 되었다가 풍선처럼 커진 산이 되었다가 / 구름이 되기도 한다는 것. 바로 화자와 세계가 일체감을 이루는 원융회통의 열락적 생명 의식을 보여준다.

명서영의 시편을 보면 '바람'의 이미지가 빈번하게 출현한다. '바람'은 눈에 보이지 않지만 그 속성이 지닌 의미의 장은 크다. 바람은 뭇 생명체들을 탄생, 생장시키고, 만물을 소통케 하는 생명적 에너지로 작용하기에 그렇다. 폴 발레리도 <해변의 묘지>라는 시에서 "바람이 분다. 살아야겠다"라고 노래하지 않았는가. 이런 관점에서 바람은 그녀의 대다수 시편에서도 변화와 생성, 생기론적 의미의 상징적 코드로 곧잘 쓰이고 있다.

어린 물고기 눈 안에 일렁이는 바다
　동그랗게 말린 커다란 바위가
　어린 박대 한 마리를 안고 발버둥 치고 있다
　꼬리를 치던 갯벌이 자신을 뒤집어 물거품을 만들고
　저만큼 부글부글 끓는다
　〈중략〉
　뱃속부터 튀어 올랐을 물고기
　높은 바위벽에 부딪혔으나 벽을 뛰어넘는다

　짜디짜게 숨 쉬는 유선형의 하늘
　둥근 혓바닥이 붉은 목섬에 매달려 흔들리는 저녁
　흰 구름 떼가 응원하듯 꼬리를 치며 내려온다

　미끌미끌한 배고픈 지느러미가 떠오르는 소소한 걸음
　바다가 살아난 듯 고개를 쳐들고 하얀 포말을 일으킨다
　　　　　　　　　　　　　　　　　　– 〈미시안해변〉 부분

인천에서 줄곧 거주한 때문인지 명서영의 시에는 유독 바다와 섬을 소재로 한 시가 많다. 무한성을 지닌 바다는 생명의 탄생과 깨달음, 재생과 회복을 상징한다. 그리고 바다의 섬이란 인간의 꿈과 의식이 머무는 이상향의 둥지라고 볼 수 있다.
　명서영 시에서 활유법이나 의인법은 주로 감정이 없는 유정물에 교감적 의미를 부여하는 장치로 동원된다. 그리고 상징이나 개관적 상관물은 시적 정감을 구체적인 사물이나 사건,

혹은 이미지로 유발하기 위해 동원되고 있다. 또 일부 시구들 가운데는 역설적 시어나 반어법을 써서 의도적으로 의미 해석을 꼬이게 하거나 낯설게 처리하는 경우도 종종 보이고 있다.

시 〈미시안해변〉에서 쓰인 비유법이나 활유법의 예를 보자.

○ 하늘은 바다의 거울이다 / 하얀 거품이 튀어 오르는 바다
○ 동그랗게 말린 커다란 바위가 / 어린 박대 한 마리를 안고 발버둥 치고 있다
○ 꼬리를 치던 갯벌이 자신을 뒤집어 물거품을 만들고 / 저만큼 부글부글 끓는다
○ 둥근 혓바닥이 붉은 목섬에 매달려 흔들리는 저녁
○ 짜디짜게 숨 쉬는 유선형의 하늘 / 흰 구름 떼가 응원하듯 꼬리를 치며 내려온다
○ 바다가 살아난 듯 고개를 쳐들고 하얀 포말을 일으킨다

참으로 발칙하고 역동적인 이미지로 미시안 바닷가를 실감나게 묘파하고 있다. 이러한 비유법이나 활유법을 통한 시적 형상화는 원융회통의 역동적 생동감과 강렬성, 환기력을 높여주면서 구체적인 의미 확산과 더불어 상상의 즐거움을 맛보게 한다.

갯벌에 끌려 나온 나는 고래야.
철창에 갇혀 소망과 단절된

해안 도로 가에 방치된 박제된 물고기야
아무도 배후를 캐지 않아
밀물이 사라진 자리. 젖고 싶은 솔잎만 붉게 일어섰을 뿐.
헐떡이는 등에서는 울음소리만 들려

그래도 숨은 쉬고 있지
새 소리, 애벌레의 울음소리
한동안 분산되어 커지다가 작아지다가
이젠 그 소리마저 사라지고 없어

아, 나는 그래도 따스한 햇살과 바람과 비벼진
흙냄새 풀냄새 향기는 가득 머금고 있지
퇴화가 된 몸이라지만 지느러미가 돋아날 수 있을 거야

언감생심 배를 불리려는 채움과 비움 사이에서
그저 날갯짓으로 헛손질만 하고 있는데
과연 크게 날 수 있을까?
밤마다 날개를 돋우고 둥지를 틀고 있나 봐
비록 다이달로스*와 같은 밀랍의 날개지만
퍼덕이다가 보면 충분히 날 수는 있을 거야
- 〈아암도1, 2에서〉 부분

시 〈아암도에서〉는 아예 '섬'이라는 무정물이 '고래'라는 유정물로 지환되어 있다. 더불어 1인칭 시점의 화자도 '고래'로 전도되어 시행을 이끌어 간다. 아암도는 송도국제도

시로 가는 해안도로에 붙어 있는 아주 작은 섬인데, 원래는 바다 한가운데 위치했다. 그런데 매립도로가 나면서 섬이 아닌 육지가 되어버린 곳이다. 화자가 이 섬을 한 마리 고래로 바꾸고, 신화적 탄생의 생명적 의미를 부여한 것은 순전히 자연 생태주의 의식의 소산이다. 또한 고래라는 "박제된 물고기"에서 "다이달로스와 같은 밀납 날개"를 달고 비상하는 이미지도 생명적 재탄생의 비전을 향한 내면의식의 발로이기도 하다. 이 섬의 시편에서 delight한 메타포 구성이나 상상적 시행 전개를 통하여 서정시 미학의 본질적 특성을 엿본다.

 이렇듯 명서영은 원융회통의 사물 체험을 통해서 신화적 탄생이나 생기론적 상상력을 보여준다. 우리의 세계가 인드라망의 생명적 관계로 이루어지고 있기에 그렇다. 장자는 "천지 만물이 모두 하나일 따름이고 차별이 없다"라고 했다. 원융회통은 서로의 존재가 타고난 속성을 잃지 않으면서도 함께 어울리는 경지다. 다른 존재들과 만나고 섞여 새로운 다른 하나를 탄생시키거나 재생, 부활시키는 섭리, 이는 곧 만물 공생의 생명주의적 포용력으로 다가서려는 노력이다. 이를테면 노자가 말한 우주의 참다운 질서로서 도(道)이다. 그래서 세계란 변별적인 사물에서부터 선악, 미추, 진위. 사랑과 증오, 안과 밖 등의 관념마저도 원융회통한다는 것이 아닌가. 바로 명서영 시작의 근원이 만유일체의 시상에 있고 여기에 원초적 탄생, 생성 의식을 담아내고자 의도를 이들 시편에서 엿볼 수 있다.

2. 가정사적 정한(情恨)의 자기 반영적 이미지

명서영 시인은 늘 자아 주변의 사소한 것들에 대해 정치한 관찰력과 몰입적 정감으로 다가간다. 그리하여 남다른 대상 인식과 섬세한 감수성으로 체험적 대상에 의미를 부여하거나 치환적 상상의 메타포를 통하여 자기 반영적 정한을 농밀하게 풀어낸다. 바로 이번 시집의 특징적 행로 하나가 떠나온 고향 찾기나 어머니, 남편, 아들 등 가정사적 회억이나 소회를 통한 자아정체성 회복 의지를 담아낸다.

  눈에 밟히는 하늘에 가득 떠 있는 별들
  날아가 버린 내 꿈, 새의 눈이다
  장날 내 등록금을 벌러 간 송아지의 눈망울이다
  밤새 울던 어미 소를 야단치시다가 돌아선
  아버지 눈물도 떠 있다

  흔적조차 없이 사라진 고향 집, 황량한 집터
  아버지는 일찍 내 작은 코에 성공의 코뚜레를 뚫어 주셨으나
  바람을 탄 빨간 딱지는 회오리로 족쇄가 되어 흔들었다
  고삐가 풀어져 사방 들판으로 날아가 버린 꿈
  날개가 부러져 꿈속으로 갇힌 새의 꿈이 다가온다
  　　　　　　　　　　　　　　　　　 - 〈천안 샛골〉 부분

 시 〈천안 샛골〉은 화자의 어릴 적 고향 집을 회상하면서 자전적 소회 의식을 담고 있다. "희망의 새가 날아든다는 천안 샛골"이다. 화자는 그곳에서 희망인 "꿈새"의 날개를 펼치

려 했으나, 집안에 부도가 나는 바람에 그만 꺾이고 만다. 꿈새는 "하늘에 가득 떠 있는 눈에 밟히는 별들"을 향해 비상을 꿈꾼다. 하지만 그 "별들"은 장날 팔려 간 "송아지의 눈망울"이고, "날아가 버린 내 꿈새의 눈"이기도 했으며, "아버지 눈물"이 되고 만 것이다. 그런 집안 내력이 있는 고향 집, 어릴 적 그 꿈새는 사라지고 없다. 지금은 "산기슭을 휘감고 도는" 화자인 "새는 나침판이 된다"라는 것이다.

> 아슬아슬 나뭇가지에 걸려 있는
> 도움닫기를 하는 빨래
> 살바람을 등에 지고 밭일하시던 어머니
> 너덜너덜 흙 묻은 어머니 해진 버선
> 꽃바람을 타고 떠내려온
> 뽀얗고 누런 어머니 냄새
> 내 앞으로 어머니가 밀친
> 내가 타고 세상 풍랑을 건널
> 날개를 활짝 편 돛단배 하나
>
> – 〈목련 꽃잎〉 전문

 위 〈목련 꽃잎〉은 순전히 확장 은유로 이루어진 시편이다. 휠라이트가 언급한 확장 은유 방식은 존재 의미를 다채롭게 확산시키고, 참신한 지각을 얻게 해준다. 제목인 원관념 "목련 꽃잎"이 "도움닫기를 하는 빨래"(1연)로, "뽀얗고 누런 어머니의 냄새"(2연)로 이어지고, 마지막 "날개를 활짝 편 돛단배 하나"(3연)라는 보조관념들로 의미론적 변용을 보여준다. 곧 '목련 꽃잎은 빨래이고, 어머니의 냄새이기도 하며, 돛단배'라는 확장적이고 상큼한 동일성의 명명 의식으로 전이시켜 나간다. 화자는 이러한 목련 꽃잎이 지니는 다채로운 어머니에 대한 회감(回感)과 더불어 "날개를 편" 돛단배라는 생의 이미지로 자기 반영적 의식을 드러낸다.

 어머니에 대한 회감의 시가 몇 편 더 있다. "꽃잎"의 이미지를 통하여 어머니의 기억과 고향 그리움을 드러낸 〈운연동의 아침〉, 옛적 흙투성이 산과 사라진 소나무 향기를 묘파하면서 어머니를 회억하며 쓴 〈인천시청역〉 등이 있다. 이러한 명 시인의 시편들에는 이질적인 대상들을 유사성이나 연속성으로 간파, 당돌한 결합으로 발칙한 미감을 선보인다.

　바다가 주름을 감추고 있었네요
　때론 거센 파도에 더 큰 주름이 생긴 갯벌은 당신 같아요

　이미 당신은 짜디짠 시간 한 겹을 떠냈고
　비릿한 원망까지 두 겹 지웠는데 좌초된 당신
　아직도 나는 당신에서 닻을 거두지 못했나 봐요

　기운 차린 파도가 하얗게 일어서고
　붉은 꿈을 가득 물은 노을이 깊게 밀물지는데
　웅크린 채 누워 있는 갯벌, 당신은 언제 일어나죠
　돌아보면 출렁출렁 겹겹이 새겨진 추억의 주름들

넓게 깔린 금빛 노래가 더 뜨거워져요
  당신 홀로 소용돌이치고 수심(水深)이 깊어졌을 때
  나 수심(愁心)에 찬 파장으로 바다 가득 채운 주름들
  당신 한 겹의 주름진 바다를 들고 내 앞에 서 있어요
                                        – 〈갯벌〉 부분

 시 〈갯벌〉은 청자인 당신(남편)이 '주름이 생긴 갯벌'로 치환되어 있다. 거센 파도는 주름의 갯벌을 만들고, 가끔 바다는 주름을 감추었다가 보여준다. 그 주름은 "추억의 주름들"이기도 하다. 주름진 갯벌에 당신은 좌초되고 닻을 거두지 못하고 있다. "기운 차린 파도가 하얗게 일어서고 / 붉은 꿈을 가득 물은 노을이 깊게 밀물지는데"도 일어날 수 없다. 급기야 "수심(水深)이 깊어져 / 바다 가득 수심(愁心)에 찬 파장"은 "겹겹이 바다 가득 채운 주름들"은 바다를 들어 올리기까지 한다. 얼마나 역동적인가. 이 시에서 '꽃게의 발가락'은 "뻘의 소리도 줍고 바다도 파랗게 캐고", 겹겹의 "주름살"도 펴는 화자 지평의 매개물로, '당신'을 향한 정한 의식을 드러낸다.
 위 〈갯벌〉과 유사한 시, 〈노랑가오리〉가 있다. 이들 시편에 등장하는 무정물 '갯벌'이나 유정물 '가오리'는 아마도 부존재의 남편에 대한 연민과 그리움, 회한을 표출하고 있는 듯하다. 이 시에서 '가오리'나 '주름진 갯벌'은 남편을 비유한 객관적 상관물에 해당한다. 시 〈노랑가오리〉에서, 험난한 바다는 당신(남편)이 살았던 생의 터전이었고 삶의 무대였다는 것. 그 가오리(남편)가 살아가는 바다는 장애물인 섬만

이 있는 게 아니다. 세차게 휘몰아치는 바람과 때로는 소망의 연쇄적 기표들로 이루어진다. 이들 시편에 드러나는 "지느러미"와 "날개" 등은 험난한 생의 바닥에서 생명적 비상을 암시하는 코드로, 생성의 가치지향 의식을 읽게 한다.

> 한발씩 젖다 보면 높은 곳으로 올라가는 물
> 굽이굽이 산을 아우르며 감싸 안은 계곡
> 계곡물은 배고픈 돌과 나무를 잠재우다가도
> 끊임없이 흔들어 걷게 하는 그대의 맑은 눈동자죠
> 조용한 그대, 소리가 없다 하지만
> 크게 소리 질러 눈비로 내려오고 계곡을 살찌우죠
> 그대는 아래로만 걷는다 하지만
> 먼저 마른 땅 위에서 걷고
> 산등성이로 오르고 올라타
> 절벽을 목축이고 구름을 적시었죠
>
> — 〈곡신불사(谷神不死)〉 부분

시 〈곡신불사(谷神不死)〉에서 '물은 곧 도(道)이고, 생명이다'라는 노자의 말을 떠올리게 한다. 이 시에서 화자는 높은 산과 계곡을 상정해 놓고, '그대'에 대한 회억적 정감을 맑은 "계곡물"의 이미지에 빗대어 노래한다. 그대는 "맑은 눈동자"이고, "조용한 그대"이기도 하다. 하지만 역설적으로, 소리 없는 그대는 "크게 소리 질러 눈비로 내려오고 계곡을 살찌우고", "산등성이를 오르고 올라타 / 절벽 목을 축이고 구름을 적시기"도 한다. 여기에서 '그대'는 누구일까. 한 세파를 이끌었던 '남편'일 수 있고, 화자가 추앙하는 '하나님'일 수도 있고, 혹은 '연인'을 지칭할 수도 있겠다. 이 시편에서도 하나의 원융회통 내지 인드라망의 생명적 시관을 읽을 수 있다.

 위와 같이 명 시인의 시편 가운데는 '당신', '그대' 혹은 '남편'이라는 청자(聽者)를 상정하고 쓴 작품이 적지 않다. 시 〈박달재를 넘으며〉에서는 고개가 지닌 형상을 따라 "등뼈 같은 언덕에 온통 떠 있는 당신"이라는 중심 이미지를 놓고 빗대어 정감을 드러낸다. 그리고 〈바다를 부활시킨 고래〉는 풍요로운 바다를 재창조하는 이미지로 '당신'을 내세워 형상화한다. 또한 시 〈뒷마당 문학골〉에서는 남편의 귀갓길, "꿈같은 연둣빛 삶과 추억이 되살아나는 곳"으로 회상적 정감을 노래한다.

　너 떠난 자리에 주저앉아,
　홀로 고양이처럼 웅크린 바위섬
　오늘도 돌부처가 되어 시넠 하늘을 바라본다너와 함께한
　단단한 모자(母子)의 일상
　나날이 여물어 간 시간은 껍데기가 아닌 알맹이였을까
　회한의 잔물결과 미납된 연민들이
　늘 파도가 되어 소용돌이친다
　급선회하는 포말 속에 퍼지는 물고기 비늘의 신호

먼바다의 주름을 딛고 달려온 넘실거리는 밀물
   폭풍이 밀려올수록 가슴은 단단해지는 법
   햇살이 감싸 쥐며 꽃과 열매를 키우듯
   바람에 떠밀려 귀퉁이에 모래성이 쌓이듯
   네가 돌아와 둥지를 틀어야 하리
                              – 〈돌섬〉 부분

 시 〈돌섬〉은 집 나간 아들에 대한 정한(情恨)을 그린 화자 기원 시점이 담고 있는 듯하다. 학업을 마친 아들이 어느 날 가출했고, 이후 도무지 소식을 모른다. 모친으로서 얼마나 애간장이 탔을까. 그래서 화자는 "떠난 자리에 주저앉아 / 홀로 고양이처럼 웅크린 바위섬"이 되었고, 나아가 망부석처럼 "돌부처"가 되어 버렸다는 얘기다. 여기에서 '돌섬'은 화자 자신이고, 혹은 한때 단란했던 가정을 상징화한 객관적 상관물이다. 지금의 돌섬은 "미납된 연민들"과 "늘 파도가 되어 소용돌이"가 치는, "넘실거리는 밀물"뿐인 곳이다. 곧 화자 자신인 어머니로서 안타깝고 초조한 마음이 드는, 갈등과 소외로 점철된 돌섬일 수밖에 없다. 그래서 화자의 바람은 "햇살이 감싸 쥐며 꽃과 열매"를 키우는, 탕자와 같은 아들이 돌아와 "둥지를 틀어야" 하는 생명이 넘치는 안락한 섬으로의 회귀를 기원한다.

   반쯤 껍질을 벗고 있는 푸른 알
   잘생긴 알을 꼭 품는다

 품 안이 꽉 찬다, 꿈틀 온몸이 뜨거워진다
 눈에 넣어도 안 아픈 새끼
 손을 꼭 잡고 어미 기러기 창공을 향해 힘껏 두 팔을 뻗는다
 넓은 공중이 붕 떠
 촉촉한 구름이 양 날개에 부딪힐 것만 같다
– 〈빗금의 방식〉 부분

 시 〈빗금의 방식〉에서는 용돈을 벌러 나가는 아들을 안쓰러워하는 모정의 심리를 실감 나게 그려내고 있다. 이 시에서 어미 화자 자신은 '어미 흑기러기'로, 아들은 새끼 흑기러기'로 치환되어 있다. 일터에 나가는 새끼 기러기가 마치 "천 길 낭떠러지로 낙하", "헛디딘 발로 착지" 하는 것 같다. 그래서 어미 기러기는 "밤새 네 평 방안 절벽을 오르락내리락" 안절부절못한다.
 이와 같은 아들에 대한 모정의 심리를 애틋하게 묘파한 〈목섬〉이라는 시도 있다. 화자는 종이비행기를 "소년의 물렁한 꿈"으로 보고, 애틋한 엄마의 연민 의식을 실어낸다. 하나의 재탄생으로서의 소망 의식을 형상화한 것이다. 이 시에서도 반복되는 '바람'과 '파도'. '날개' 이미지는 해체와 생성 작용의 코드다. 그러니까 목섬이라는 아들을 미래의 아들로 재탄생시키기 위해 화자는 "그 날개가 꺾였어도 날개를 펼치는 / 향을 잃었어도 돋아내는 파란 꿈"이란 애절한 소망 의식을 드러낸다.

바다를 건너온 아들이 수박 한 통을 사 왔다
표면에 물결무늬 깊게 새겨진 수박
이쪽저쪽으로 구르고 도망친 모래톱 흔적처럼
한쪽 귀퉁이가 갈색으로 퇴색되어 있다

식탁에 둥실 떠 있는 바다
바다를 열자 커다랗고 빨간 해가 꽉 차 있다
세상 파도에 맞서 까맣게 탄 아들이 싱긋 출렁인다
신이 난 아들 입가에 붉은 미래가 반짝 입질한다

해를 품은 바다가 자생한다
 – 〈떠오르는 수박〉 부분

 위의 시 〈떠오르는 수박〉은 아들에 대한 모정의 환희, 충만한 기쁨을 드러내고 있다. 아들이 사 온 수박 한 통에 감동을 먹은 모양이다. 둥그런 수박은 세상의 파도에 맞서 싸운 온전한 아들의 표상이다. 학창 시절, 아들은 학교폭력에 시달려 엄청난 트라우마를 겪어야 했다. 그래서 한동안 의기소침하게 지냈던 아들이었다. 그런데 이제 "세상 파도에 맞서" 일터에서 얻어낸 전리품으로서 사 온 수박이기에 자랑스럽다. 이런 수박을 놓고, 화자는 "푸른 아들의 등을 통통 두드린다"라는 시구로 환희의 정감을 토로한다. 그런 아들을 대지의 상상력으로 "바다가 되어 해를 품고" 있다든가, "해를 품은 바다가 자생한다"라고 한 시구에서 발칙한 신선감을 맛본다.
 이렇듯 명서영 시편들은 일상 체험에 정신의 옷을 입혀 자기 반영의 생명적 정한(情恨)으로 자아정체성 회복의 여정을 보여준다. 이러한 고향 회상이나 자연물, 생활 주변의 사물들에 대해 몰입적 관심과 탐색은 은밀하면서도 뜨겁다. 그리하여 대상 존재가 지닌 속성이나 숨소리나 몸짓 등 감성의 촉수로 다가가 가정사적 숨겨진 소통의 갈망이나 생의 의지 등을 실어 자기 반영적 정감으로 풀어간다.

3. 농밀한 사물 체험의 생명주의적 시정

 명서영 시인은 자연물이며 주변 사물에 대한 관심이 높다. 그래서 사물 중심의 편에 서서 자아를 회감하고 성찰하여 새로운 사물 존재의 의미와 가치를 드러낸다. 랜섬에 의해 명명된 시적 담화 형식으로서의 사물 시(physical poetry)가 있다. 사물을 제재로 하는 사물 시는 본래적으로 인간에 의해 규정된 견고한 고정관념을 부수고, 그 너머에 있는 순수 존재의 사물로서 해방을 노린다.

 명서영 시인은 사물이 지닌 속성이나 이미지를 통하여 주체의 갈등을 화해하고 삶의 의미를 터득해 나간다. 10대 못지않은 그녀의 감성적 촉수와 60여 년 삶의 경륜에서 빚어진 세계 인식의 포용적 시안으로 다가선다. 그녀의 사물 체험의 순간은 몰입적이고 농밀하며 엘랑 비탈(élan vital)의 충만한 생명주의적 시정으로 형상화된다. 물론 이러한 시편에서도 사물의 속성을 통한 상상적 메타포, 그리고 활유법의 역동적 구사는 여전하다.

닳고 까맣게 썩은 구부정한 나무
언제나 그 자리에서 빨래들을 기다리는
이 집의 기둥, 중심축이다
세상에서 차이고 치고
흙투성이로 거지꼴로 싸우다가 돌아온 빨래들
온전히 씻기고 일어나기를 기다린다
〈중략〉
행여 해이해진 빨래들이 한순간 미끄러질세라 바람 불라
어미 닭이 쉬지 않고 모이를 쪼아 병아리에게 주듯
진자리 마른자리 가리지 않고
이쪽저쪽 옮겨 다니며 쉬지 않고 마음을 다잡아 주는 장대

하나의 마음처럼 하나의 발로
짓이겨져 뭉툭하도록
빨래들의 정신을 꽉 잡고 있다
오늘을 버티던 시간이 늙어가고 있다
― 〈바지랑대〉 부분

시 〈바지랑대〉는 빨래를 널기 위해 받쳐 둔 '바지랑대'라는 사물에 정신적 의미를 부여한다. 곧 바지랑대는 "세상에서 채이고 치이고 / 흙투성이로 거지꼴로 싸우다가 돌아온 빨래들"의 재생케 하는 "집의 기둥, 중심축"이라는 것이다. 1차적 의미는 실제의 빨래들을 지탱하고 있는 장대에 불과하지만, 2차적 의미는 빨래는 식구를, 그리고 장대는 집안의 가장을 상징하는, 한 가족의 삶을 상징하는 시편으로 읽힌

다. "정신 바싹 마르도록", "진자리 마른자리 가리지 않고", "마음을 다잡아 주는 장대"로서 생기론적 사물 인식의 역동적 시상을 보여준다.

   먹다 남은 여러 떡을 전자레인지에 넣고 돌린다
   붉고 노란 소리가 소리를 덮는 카바레

   인절미 송편 가래떡, 아줌마 아저씨
   한데 어우러져 빙빙 춤을 춘다
   마음의 무게는 어둠 반 밝음 반

   딱딱한 구박만 받고 굴러다녔던 배고픈 시간이 녹는다
   이성과 감정이 손끝에서 협상하는 동안
   쑥 들어오는 다급해진 본능 엉겨 붙는다

   말랑말랑한 순간은 순식간에 간극이 허물어지고
   형체도 이름도 허물어진 간격이 뭉개진 한 덩이
   세상이 떡 되었다
                                     - 〈전자레인지〉 부분

 위 〈전자레인지〉라는 시는 유희적 시상을 보여주는 시로 재미있게 읽힌다. 무정물에 불과한 전자레인지를 유머 의식으로 다가간 생기론적 시상이 발칙하다. 화자는 여러 가지 떡을 전자레인지 속에 넣고 돌린다. 그 공간을 "붉고 노란 소리가 소리를 덮는 카바레"라고 전제하고, "인절미 송편 가래떡, 아줌마 아저씨 / 한데 어우러져 빙빙 춤을 춘다"라고 희화적인 이미지로 묘사한다. 그리고 화자는 이곳을 "마음의 무게는 어둠 반 밝음 반"이 있고, "딱딱한 구박만 받고 굴러다녔던 배고픈 시간이 녹는다"라는 의미 부여의 해석을 내린다. 급기야. "이성과 감정이 손끝에서 협상"을 통하여 엉겨 붙고, 세상은 "뭉개진 한 덩이"의 떡이 되었다는 것이다. 후반부에 이르면 급박하고 치열한 우크라 전쟁 같은 상황의 이미지로 발전한다. 어쩌면 전자레인지 속이야말로 우리의 숨 막히는 현대 경쟁 사회를 희화하고 조롱하는 듯하다. 마지막 "가볍게 부풀어 오른 K 씨의 얼굴이 터지기 직전이다"라는 시구에서 익살의 유머를 읽는다. 또한 현실을 직시한 핵폭탄을 연상시키고 K 씨는 독재자를 빗댄 것은 아닐까?

문이 보여요
한 올 한 올 뿜어낸 아픔들이 어둠을 뚫고 있어요
탈출구를 찾아 용화(蛹化)된 번데기가
우화(羽化)하는 내일은 아주 훨훨 날 거예요

밝음과 어둠이 같은 무게로 매달려 있는 고치 안
근질근질 내 몸에서 이파리가 움트는데
내게도 날개가 돋고 있나요
　　　　　　　　　　　　　　　 － 〈번데기〉 부분

시 〈번데기〉에서는 번데기가 성충으로 자라 세상으로 나오는 우화(羽化) 과정을 판타지 영상처럼 싱그럽게 그려내고 있다. 화자는 "밝음과 어둠이 같은 무게로 매달려 있는 고치 안"이라고 의미를 부여하고, 그 우화(羽化) 과정을 "근질근질 내 몸에서 이파리가 움트는데 / 내게도 날개가 돋고 있나요"라면서 자기 반영적 정서로 형상화한다.

  등산길에 폐타이어가 있다
  지구를 한 바퀴 돌다가 이 산에 정착되었을
  바퀴 한쪽이 찢어지도록
  무거운 세상을 건너왔을 타이어
  버거웠던 짐은 모두 떼어 내버리고
  가볍게 날아왔으나
  질주의 본능으로 다시 서 있다
  일이 있는 한, 숨을 쉬는 동안 폐타이어가 아니다
  오랫동안 길들여진 대로
  등에 눕는 등산객들을 거부하지 않는다
  소리 없는 의무는 외장일 뿐
  주인을 찾고 있다, 휘어졌던 바퀴가 다시 선다
  익숙한 목소리를 찾아 시간을 더듬으면
  통통 튀는 추억 싱싱한 바퀴로 되살아난다
  이별을 인정 못 하고 벌떡 일어선 애마
  오늘도 여러 손님을 태우고
  나뭇잎 사이를 헤치며 능선을 넘는다

하늘이 엄청난 속도로 달려 날아가고 있다
― 〈본능의 변수〉 부분

 위 〈본능의 변수〉는 등산길에서 우연히 마주한 폐타이어에 생기론적 의미를 부여하여 시적 정감을 토로한다. 비록 보잘것없는 폐타이어지만 화자는 사물이 지닌 속성을 '질주의 본능'으로 보고, 생명적 시안으로 재미있게 상상의 나래를 펼쳐나간다. 곧 "싱싱한 바퀴로 되살아", "벌떡 일어선 애마"로 변신을 하고, "나뭇잎 사이를 헤치며 능선을 넘는", "엄청난 속도로 달려 날아가고 있다"라는 역동적 이미지로 폐타이어에 생명성을 부여한다.
 명서영은 일상에서 마주치는 대상에 대한 탐색은 은밀하면서도 뜨겁다. 그리하여 사물에서 존재의 숨소리나 몸짓 한 가지를 놓치지 않고 여실히 끄집어낸다. 때로는 집요하게 사물의 속성을 붙들고 늘어지거나, 혹은 퍼뜩 떠오른 영감, 연상을 잡아서 재미있게 묘파한다. 그 순간의 착상, 하나의 날카로운 비전을 생명의 빛으로 받아들이면서 시상을 전개해 나간다. 거기에서 솟구치는 선명한 사물 존재의 의미를 깨닫고, 이를 삶의 성찰로 승화, 발전시키면서 성숙한 자아의 내면을 드러내는 것이다.

 사랑은 시소게임
 같은 크기 같은 높이로는 날 수 없는
 같은 무게로는 견딜 수 없는 승부다

네가 나를 그리워할 때
나는 달나라에 있었고
너의 존재가 커져갈 때
점점 나는 작아져만 갔다
사라지는 유성처럼 소멸되어 갈 때
너는 점점 커져 행성으로 변해갔지

너의 강렬한 눈빛에
조금씩 다가서다가
이카로스의 날개*처럼 녹아내려
타버리거나 추락해도 좋은
가슴마저 뭉그러진
혓바닥에 놓인 사탕이지

— 〈사탕의 감정〉 부분

 시 〈사탕의 감정〉은 '사탕'을 놓고 '사랑'의 속성이 어떤 것인지에 대해 시적 정의를 내리고 있다. 화자는 "사랑은 시소게임"이리고 전제히고, "같은 크기 같은 높이로는 날 수 없는 / 같은 무게로는 견딜 수 없는 승부"라고 해석적 의미의 간극을 보여준다. 그리하여 사랑이 상대방 간 공간적, 심리적, 시간적 거리의 조정 관계에 있음을 제시한다. 나아가 화자는 여기에 사랑이란 관념을 사탕이라는 물질의 속성으로 치환, 유추시켜 관념을 구체화한다. 곧 사랑은 사탕의 달콤한 맛의 유혹에 녹아내릴 수도 있고, 혹은 사랑은 사탕과도 같이, 혓바닥에 녹아 사라지는 순간성의 의미를 지니고 있음을 묘파해 낸다.

 명서영 시인의 대상 인식의 생기론적 시상은 교감적 감수성을 바탕으로 원융회통의 생동적인 사물 인식이나 우주적 상상력으로 이루어진다. 그녀가 바라보는 시적 세계란 서로 침투되는 하나로서, 세계 속에 자아가 함께 있고, 인간의 삶과 세계는 동일한 관계에 있는 원환적이고 충만한 의미가 서린 곳이다. 그녀의 이러한 생기론적, 신화적 의미 구성은 어떤 현상 너머에 있는 생명력이나 활력을 부여하는 것이어서 존재론적이고 가치지향적 비전을 지닌다. 나아가 이를 뒷받침하는 언어적 장치도 바로 객관적 상관물이나 메타포, 활유법, 상징법 등을 동원한 치환(置換)적 형상화도 주목할 일로서, 그녀 특유의 시적 미학의 눈높이를 가름하는 좋은 잣대가 될 것이다.

명서영 시집
새의 빙하 흔적

인 쇄 일 2025년 10월 01일
발 행 일 2025년 10월 01일

저　　자 명서영
발 행 처 도서출판 코레드
　　　　　서울시 중구 을지로 16길 39 근화빌딩 4층
　　　　　T) 02-2266-0751 F) 02-2267-6020

ISBN 979-11-89931-99-5

값 12,000원

* 잘못 만들어진 책은 교환해 드립니다.
* 저자와 출판사의 허락없이 책의 전부 또는 일부 내용을 사용할 수 없습니다.

　본 도서는 인천문화재단의 문화예술활동 지원사업으로 선정되어 발간되었습니다.